Eugen Herman-Friede
Abgetaucht!
Als U-Boot im Widerstand

Für meine Enkel
Lena und Elsa
Alexander und Mona
Janek und Carmen

Eugen Herman-Friede

Abgetaucht!
Als U-Boot im Widerstand

Tatsachenroman

GERSTENBERG

Birgit Göckritz danke ich sehr für die sorgfältige
Betreuung meines Manuskripts.

Copyright © 2004, 2009 Gerstenberg Verlag, Hildesheim
Alle Rechte vorbehalten

Bildnachweis:
Privatbesitz Eugen Herman-Friede: S. 231, 232, 233, 234, 235,
236 oben, 237, 238, 239 oben, 241 unten, 243
Gedenkstätte Deutscher Widerstand, Berlin: S. 239 unten, 240,
241 oben, 242
Jüdisches Museum Berlin, Schenkung Harry Kindermann,
Foto: Jens Ziehe, Berlin: S. 236 unten
Margit Hahn, Luckenwalde: S. 228

Umschlag: init.büro für gestaltung, Bielefeld
Satz: Fotosatz Ressemann, Hochstadt
Druck und Bindung: fgb • freiburger graphische betriebe
Printed in Germany

www.gerstenberg-verlag.de

ISBN 978-3-8369-5241-5

09 10 11 12 13   5 4 3 2 1

I

Religion – nicht arisch

–1–

Es war an einem Montag im Januar 1933. Der Himmel war den ganzen Tag über klar gewesen, es war trocken und nicht sehr kalt. Mama hatte schon am frühen Nachmittag damit begonnen, das Wasser in dem braunen, hohen, runden Behälter in unserem Badezimmer heiß zu machen. Wie auch sonst an unserem Badetag, der meistens am Sonnabend stattfand, half ich ihr dabei.

Ich trug Briketts herbei, die in der Küche neben dem Hinterausgang aufgestapelt waren. Vor den Kohlen reichte ich Mama dünnes Brennholz, das sie über dem Kohlenanzünder und dem zerknüllten Zeitungspapier schichtete. Erst brannte das Papier lichterloh, das Holz fing Feuer, und schließlich begannen auch die Kohlen zu brennen. Danach machte Mama das gusseiserne Ofentürchen zu und wir gingen ins Wohnzimmer.

Als wenig später Papa kam, ließen wir das heiße Wasser in die Wanne laufen, und Mama prüfte mit ihrem Ellbogen, ob die Temperatur in Ordnung war. Papa und ich zogen uns im Schlafzimmer aus, tobten lachend durch die große Stube ins Bad und stiegen erst zögerlich, dann schnell ins Wasser. Ich war so kitzelig, dass ich mich ausschütten konnte vor Lachen, wenn Mama mir den Hals wusch oder mit dem Seifenlappen unter die Arme fuhr. Sie war sehr grob, wenn sie mir den Kopf „scheuerte", wie sie ihre brutale Haarwäsche nannte, und ließ sich auch durch noch so lautes Protestieren nicht erweichen, etwas behutsamer mit mir umzugehen und mich nicht mit ihren langen, spitzen Fingernägeln zu kratzen. Während Mama noch mit einem Krug verdünntem Essigwasser die obligatorische Haarspülung vornahm, stand Papa auf und seifte sich ab. Kaum war Mama fort, bespritzten wir uns gegenseitig heftig mit dem Badewasser, bis Papa lachend fluchtartig die Wanne verließ. Ich planschte wie immer so lange weiter, bis meine Fingerkuppen weiß und schrumplig wurden. Mama zog den Stöpsel heraus und forderte mich wütend auf, endlich herauszukommen.

Nach dem rigorosen Abrubbeln mit dem harten, steifen Badelaken musste ich, vor Kälte bibbernd, in das frisch gewaschene Unterzeug steigen. Durch Mamas übermäßige Zugabe von „Hofmanns Stärke" war die Wäsche stets so knochenhart, dass die kaum zu durchstoßenden Arme und Beine erst kräftig mit beiden Händen gedehnt werden mussten. Darüber kamen die braunen, kratzenden, langen Wollstrümpfe, die an das Gummiband geknöpft wurden, das am Leibchen hing.

Sonst wurde ich nach dem Baden immer sofort ins Bett geschickt, an diesem Abend aber zog Mama mir einen dicken Pullover über die kurzen Hosen und darüber noch eine blaue, innen angeraute Trainingshose.

Meine Eltern wollten noch wegfahren und mich nicht allein zu Hause lassen. Papa war schon fertig, er trug einen kurzen, grauen Paletot mit Pelzkragen und eine schwarze Melone. Über die Schuhe hatte er seine grauen Gamaschen geknöpft. Mama hatte einen kleinen, schwarzen, runden Hut mit Schleier vorm Gesicht aufgesetzt. Unter den Kragen ihres rostbraunen Mantels hatte sie ihren rotbraunen Fuchs gelegt, dessen Läufe vorne vor der Brust runterbaumelten. Ich musste mir noch einen dicken, blauen Wollschal um den Hals schlingen und eine Pudelmütze über die Ohren ziehen, denn „mit nassem Kopf wirst du dir den Tod holen", fauchte Mama mich zornig an.

Auf der Straße vor unserem Haus stand unser kleines Auto, ein grauer Dixi. Während Mama und ich daneben warteten, holte Papa hinter dem vorderen Sitz die Kurbel hervor, steckte sie vorn unterhalb des Nummernschilds in eine Öffnung, stützte sich mit einer Hand am Kühler ab, zog mit der anderen die Kurbel erst langsam in die Höhe, drehte sie dann zwei-, dreimal kräftig herum, bis der Motor knatternd ansprang. Papa zog die Kurbel heraus und warf sie wieder in den Wagen, gab mit dem kurzen Hebel am Lenkrad Gas, und wir stiegen ein, ich nach hinten, Mama nach vorn. Ich wusste immer noch nicht, wohin wir eigentlich fahren wollten. So viel hatte ich immerhin verstanden, dass wir uns ein einmaliges Spektakel ansehen würden.

Schon nach wenigen Metern lenkte Papa nach links, überquerte die Straßenbahnschienen und fuhr die Belle-Alliance-Straße in Richtung Hallesches Tor hinunter. Kalter Wind zog durch die Ritzen des Stoffverdecks und der Zelluloidfenster, die mit Druckknöpfen befestigt waren.

Es war schon fast dunkel, die Straßenbeleuchtung eingeschaltet, als wir um den Belle-Alliance-Platz fuhren und in die Friedrichstraße einbogen. Der Verkehr wurde stärker, bald ging es nur noch schrittweise vorwärts. Zwischen den vielen Autos drängten sich auch zweistöckige Omnibusse durch die Straße. Papa fuhr nach links in die Taubenstraße und parkte das Auto in einer der wenigen noch verfügbaren Lücken.

Wir stiegen aus, liefen erst bis zur Friedrichstraße zurück und dann mit vielen anderen Menschen auf beiden Seiten der Straße in Richtung Unter den Linden. Die Geschäfte waren hell erleuchtet, vor den Hotels, den Restaurants und den Bars standen lustlos einige Portiers, herausgeputzt in ihren farbigen Fantasieuniformen mit glitzernden Epauletten und Kordeln. Sie rissen die Mütze vom Kopf und versuchten vergeblich, die Passanten dazu zu bewegen hereinzukommen; die Leute hasteten geradeaus weiter. Aus vielen Fenstern hingen lange, rote Hakenkreuzfahnen.

Es war kälter geworden, aber trocken geblieben. Mama und Papa nahmen mich in ihre Mitte, beide hielten mich fest an einer Hand. Von weitem waren die rhythmischen Töne von Trommeln und Pfeifen und der gleichmäßige Marschtritt schwerer Stiefel zu hören. Unter den Linden angekommen, sahen wir an den Rinnsteinen jubelnde, winkende und „Heil" schreiende Menschen stehen, vor denen Schupos in Abständen von wenigen Metern Spalier standen. Aus den beflaggten, erleuchteten Fenstern und den Balkonen der Häuser auf beiden Seiten der breiten Straße beugten sich eng gedrängt Zuschauer. Weiter nach links in Richtung zum Brandenburger Tor wurde es immer enger, dicke Menschentrauben standen auf dem Bürgersteig und drängten auf den Damm. Vor ihnen marschierten im Gleichschritt in breiten Reihen, die gesamte Fahrbahn ausfüllend, SA-Männer in brauner Uniform und mit unters Kinn gezogenem Sturmriemen. Sie trugen lange, brennende Fackeln. Immer wenn Fahnen vorbeigetragen wurden, rissen die Zuschauer ihren rechten Arm hoch. Im Feuerschein der Fackeln sah man die martialisch wirkenden Gesichter der SA-Leute; mit zu schwarzen Löchern aufgerissenen Mündern sangen sie „Die Fahne hoch, die Reihen fest geschlossen, SA marschiert ...". In kurzen Abschnitten marschierten Schupos mit ihren blanken, schwarzen Tschakos und blauen Mänteln und mit über die Schulter gehängten Karabinern neben der SA her. Viele der Kinder am Straßenrand schwangen jubelnd kleine Hakenkreuzfahnen aus Papier. Ich hätte auch gerne so eine Fahne gehabt, aber als ich das Mama sagte, zischte sie nur böse und drohte mir mit einer Backpfeife. Gleichzeitig presste sie meine Hand, die sie noch immer umfasst hielt, und schüttelte zornig meinen Arm. Ich wollte in die vordere Reihe, um eine gerade vorbeimarschierende, endlos scheinende Kolonne Standarten tragender SA-Männer, eskortiert von Fackelträgern, besser sehen zu können, aber Mama und Papa hielten mich ärgerlich davon ab.

Schon nach kurzer Zeit zogen sich meine Eltern zurück und zerrten mich mit sich, obwohl ich viel lieber noch länger zugeschaut hätte. Papa stellte sich in einen Hauseingang, schüttelte mehrfach den Kopf, zog seine silberne, mit schwarzen Streifen emaillierte Tabakdose aus der Manteltasche, öffnete sie durch leichten Druck auf einen dunkelblauen Saphir, entnahm ihr ein flaches, gelbes Päckchen dünnes Papier, drehte sich bedächtig eine Zigarette, schnitt mit einer kleinen Schere die überhängenden Tabakfasern an beiden Enden ab, steckte die Zigarette in eine seiner farbigen Glasspitzen, zündete sie an und begann, den Rauch tief zu inhalieren. Schweigend gingen wir langsam Unter den Linden zurück bis zur Ecke Friedrichstraße, begleitet von dem endlosen Fackelzug, den musizierenden Spielmannszügen mit ihren vorweg paradierenden Tambourmajoren und den sich die Lungen aus dem Hals brüllenden Nazis.

Auf der Heimfahrt durch die nun fast menschenleeren Straßen sprachen Papa und Mama kaum ein Wort. Ich schlief schließlich auf dem Rücksitz ein, bis Mama mich weckte, als wir wieder zu Hause angekommen waren.

Es war der 30. Januar 1933, Hitlers Machtergreifung.

Mama stocherte mit einer Eisenstange in der Glut des hohen, weißen Kachelofens, der in einer Ecke unseres Wohnzimmers stand, wickelte zwei Briketts mehrfach in Zeitungspapier, legte sie auf die wenigen noch glühenden Kohlenreste über dem Eisenrost und schloss die Ofentür. Mit dieser Methode hatte sie am nächsten

Morgen genügend Glut, um Brennmaterial aufzuschütten, ohne erneut Feuer anmachen zu müssen. Dann gab sie uns beiden wortlos einen Kuss und ging nebenan ins Schlafzimmer. Papa beschäftigte sich noch mit seinem Tabak, den er in einem graublauen Steintopf auf eine ganz besondere Weise aufbewahrte. Er ging in die Küche, holte eine rohe Kartoffel und eine Mohrrübe und schnitt beide in dicke Scheiben. Dann schüttete er zwei rechteckige Päckchen Tabak – er rauchte nur eine Sorte, nur den Tabak der österreichischen Tabakregie – in den Topf, entfernte ein paar Tabakfusseln aus dem Likörglas voll Honig, das er immer in dem Topf aufbewahrte, legte die Kartoffel- und Möhrenstücke dazu und schloss ihn mit dem Deckel. Mit einem Pfeifenreiniger putzte er seine gläsernen Spitzen und drehte noch einige Zigaretten für den nächsten Tag.

Einige Wochen nach dem Fackelzug holte Mama mich von der Schule ab. Das tat sie normalerweise nicht mehr. Ich ging in die 1. Klasse der 116. Volksschule in der Hagelberger Straße. Nach der Einschulung zu Ostern hatte Mama mich noch eine ganze Zeit lang hingebracht und auch wieder abgeholt. Von der Einschulung gab es ein Foto – darauf war ich vor dem Schulgebäude zu sehen, mit der roten, oben mit gelbem Krepppapier zugebundenen Schultüte und in der mir so verhassten Hose, die Mama extra für diesen Anlass genäht hatte, aus dem glänzenden Stoff einer ihrer alten Unterröcke. Von Mamas selbst genähten Hosen blieb ich auch jetzt nicht verschont, und besonders unangenehm waren die Gummibänder, die sie aus Angst, ich könnte mir den Leib zu sehr einschnüren, so locker ließ, dass ich immer aufpassen musste, die Hose nicht zu verlieren.

Als der Unterricht zu Ende war und ich das Schulgebäude verließ, wartete sie schon auf mich, breitete die Arme aus, ging in die Hocke und drückte mich an sich. Aufgeregt erzählte sie mir, sie müsse noch etwas einkaufen und wolle mich mitnehmen. Hastig nahm sie mich bei der Hand und zog mich eilig mit sich fort.

Ich ging gern mit Mama einkaufen, meistens liefen wir die belebte Bergmannstraße hinunter bis zum Marheinekeplatz und dort in die Markthalle. Die ganze Straße war auf beiden Seiten voller Geschäfte. Es gab Obstläden, Milchgeschäfte, Fleischer, Bäcker, Kolonialwarenhändler und vieles mehr. In einem der ersten Häuser auf der rechten Seite war in einem Hinterhof ein Kuhstall, zu dem mich Mama oft auch allein mit einer Milchkanne schickte, um frische, meistens noch warme Milch zu kaufen oder um im Winter Kartoffelschalen gegen Brennholz zu tauschen. Es stank nach Kuhmist und man konnte zusehen, wie die paar Kühe gemolken wurden. Auf beiden Straßenseiten gab es auch Kellergeschäfte, in die man nur über eine steile Treppe gelangte. Meistens waren es Trödler, die in diesen Läden versuchten, ihren Kram loszuwerden: alte Möbel, gebrauchtes Geschirr oder getragene Kleidungsstücke. Sie standen fast immer draußen vor der Treppe, mager und abgerissen, redeten und gestikulierten heftig miteinander: eigenartige, bärtige Typen mit Schläfenlocken, gehüllt in lange, schwarze Mäntel, klobige Stiefel an den Füßen, mit schwarzen Hüten oder runden Pelzmützen. Im Winter schlugen sie die Arme vor die Brust und traten auf der Stelle, um in der Kälte etwas warm zu werden. Wenn ich mit Mama in ihre Nähe kam, riss sie mich an sich und flüsterte mir hastig zu: „Gott behüte ... Komm, schnell weg. Das sind polnische Jidden aus Galizien, pfui weg, weg." Sie drückte mich fest an sich, lief schneller und machte einen weiten Bogen um die mir unheimlichen Gestalten.

An diesem Tag, dem 1. April 1933, war alles anders als sonst:

Überall standen SA-Männer in ihren hohen, schwarzen Stiefeln herum, viele hatten große Plakate vorn und auf dem Rücken über ihren braunen Hemden um den Hals hängen, auf denen zu lesen war: „Wer beim Juden kauft, ist ein Verräter." Es wimmelte nur so von braunen Uniformen. Sie fuhren auch auf Lastwagen hupend durch die Straßen, schwangen Hakenkreuzfahnen hin und her und skandierten laut ihre Parolen. Menschen standen in Gruppen an den Straßenecken, diskutierten lebhaft, nickten zustimmend und drängten sich um Litfasssäulen, auf die über Nacht große Anschläge geklebt worden waren, auf denen stand: „Deutsches Volk wehrt euch, kauft nicht beim Juden".

Wir liefen an vielen Läden vorbei, auf deren Fensterscheiben mit weißer Farbe „Jude" geschmiert und Judensterne gemalt waren. Davor hielten grimmig aussehende SA-Leute die Kunden ab, die Geschäfte zu betreten. Viele Passanten, junge und alte, reckten ihre Fäuste und spuckten gegen die Scheiben, hinter denen die ängstlichen Gesichter der Ladenbesitzer zu sehen waren.

Papa kam an diesem Tag früher als sonst nach Hause und erzählte, dass die SA jüdische Geschäfte in der ganzen Stadt beschmierte und niemanden in die Läden hineinließ.

Mama lief nervös umher, stöhnte und fragte in einem fort: „Was wird das noch werden, was werden sich diese Verbrecher noch ausdenken?"

Papa versuchte sie zu besänftigen, wie immer, wenn Mama sich über etwas aufregte: „Beruhige dich, Schatzelchen, der Spuk ist bald vorbei, mach dir keine Sorgen." Er lächelte und strich ihr zärtlich übers Haar.

Ich fand das alles sehr spannend und rannte immer wieder zum Fenster, um mehr von den Uniformierten sehen zu können, die hupend und singend in beiden Richtungen durch unsere breite Belle-Alliance-Straße fuhren und durch trichterförmige Sprachrohre die Leute aufforderten, nicht bei Juden zu kaufen.

Ich musste an den Vorfall mit Hasenkamp denken. Wir waren gerade dabeigewesen, mit Buntstiften Bäume zu malen, als ich bemerkte, dass mein Banknachbar alle Bäume rot statt grün malte. Ich konnte mir das Lachen nicht verkneifen. Unser Klassenlehrer, Herr Lopitsch, war äußerst pedantisch und ordnungsliebend. Er hielt sich stets steif und kerzengrade, und wenn er morgens den Klassenraum betrat, durften wir uns erst hinsetzen, nachdem er seinen Rohrstock aus dem olivgrünen Metallspind geholt, sein Jackett aufgehängt, seine blauen Ärmelschoner übergestreift, sein Tintenfass, seine Bleistifte und Federhalter aus der Schublade seines Katheders geholt und seinen Kneifer umständlich aufgesetzt hatte. Jegliche Unruhe war ihm zutiefst zuwider.

Die Strafe für mein Lachen folgte sofort – ich bezog eine ordentliche Tracht Prügel mit dem Rohrstock.

Erst als meine Klassenkameraden auch auf Hasenkamps rote Bäume aufmerksam wurden, ließ sich Herr Lopitsch dazu herab, sich Hasenkamps Zeichnungen anzusehen. Seine Augen traten hervor und seine Stimme überschlug sich fast: „Alles hinsetzen, Ruhe, wir sind hier nicht in der Judenschule! Bis die Stunde zu Ende ist, stellst du dich in die Ecke, Hasenkamp. Nach Schulschluss eine Stunde lang Bäume malen, aber grüne. Das hier ist eine Schule und keine Klapsmühle!"

Hasenkamp war farbenblind, das stellte sich später heraus. Aber ähnliche Bemerkungen in Bezug auf Juden hörte ich auch von anderen Lehrern, wenn unser Verhalten nicht ihren Anforderungen entsprach.

Besonders unsere Heimatkunde-Lehrerin, eine fürchterliche, immer griesgrämig blickende Person tat sich dabei hervor. Sie grüßte schon mit „Heil Hitler", lange bevor es zur allgemeinen Pflicht wurde. Ihre spärlichen, stumpfen, grauen Haare hatte sie zu jämmerlichen Schnecken über ihre Ohren gelegt. Sie trug meistens weiße Kniestrümpfe, derbe Männerschuhe und eine schwarze, gestrickte, kragenlose Trachtenjacke mit rot-grüner Einfassung. Mit Ausflügen in die nähere Umgebung versuchte sie uns unsere Heimat nahe zu bringen, ganz egal, was für ein Wetter herrschte, ob es regnete oder eisig kalt war.

„Deutsche Jungen frieren nicht. Oder seid ihr etwa Waschlappen?", fragte sie drohend, wenn einer von uns aufmuckte.

„Was sind das eigentlich, Juden?", wollte ich an diesem Abend wissen, als sich alle etwas beruhigt hatten.

„Das sind Menschen wie wir auch. Sie haben nur eine andere Religion", erklärte Papa lächelnd und zog mich zu sich.

„Glauben die nicht an den lieben Gott?", fragte ich neugierig.

„Doch, das waren die Ersten. Sie haben schon an Gott geglaubt, bevor es überhaupt Christen gab. Sie haben nur andere Feiertage als wir und auch andere Gebräuche."

„Und deshalb sollen wir nicht mehr bei ihnen einkaufen?".

„Ja, es sieht so aus", antwortete Papa achselzuckend. „Vielleicht deshalb, damit die Nazis dann in ihren eigenen Geschäften mehr verkaufen können." Papa fuhr mir übers Haar und gab mir einen Kuss auf die Stirn. Seine Begründung leuchtete mir ein.

Schon wenige Tage nach dem Boykott der jüdischen Geschäfte kam Papa mittags nach Hause. Noch an der Wohnungstür hörte ich ihn zu Mama sagen, dass man ihn rausgeschmissen habe.

„Aber warum denn, um Gottes willen, die Geschäfte gehen doch gut?" Mama war außer sich und starrte Papa verständnislos an. „Du hast doch gut verkauft. Was will man von dir?"

„Sie sagen, mit einer Jüdin als Frau wird man mir nichts mehr abkaufen", erwiderte Papa.

Mama setzte sich an den Tisch, vergrub ihr Gesicht in den Händen und begann, lautlos zu schluchzen.

Papa, die Arme fest hinter dem Rücken verschränkt, lief ruhelos auf und ab, setzte sich dann neben sie und nahm ihre Hände in die seinen. „Ich werde mich selbstständig machen. Das wollte ich schon lange." Er stand wieder auf und ging im Zimmer hin und her.

Leise fuhr er fort: „Salomon haben sie auch entlassen. Ihn trifft es viel härter."

Mama ließ sich nicht so schnell beruhigen. Sie tropfte mehrmals Baldrian auf ein Stück Zucker und nahm es ein. Sie musste sich hinlegen und klagte, wie schon öfter in letzter Zeit, über Herzschmerzen.

Ich hatte die ganze Zeit, ohne dass mich einer wahrgenommen hätte, im Türrahmen gestanden und alles mitangehört.

Die Stimmung blieb den ganzen Tag über gedrückt. Obwohl Papa und auch ich versuchten, sie aufzuheitern, blieb Mama verzweifelt und weinte viel.

An diesem und auch an den nächsten Tagen führte Papa viele Telefongespräche und schrieb zahllose Briefe. An Lieferanten, hörte ich ihn zu Mama sagen.

Mir fiel plötzlich auf, dass ich eigentlich gar nicht wusste, womit Papa sein Geld verdient hatte. Nur so viel hatte ich in Gesprächen aufgeschnappt, dass er Vertreter war oder Reisender, aber was das überhaupt war, wusste ich nicht.

Einige Wochen darauf klingelte es am Nachmittag an unserer Wohnung. Mama öffnete, und ich stellte mich neugierig hinter sie. Vor der Tür standen zwei keuchende Möbelträger mit blauen Schürzen über durchgeschwitzten, kragenlosen, gestreiften Hemden, die Schiebermützen ins Genick geschoben. Mit einem breiten Gurt, den sie sich um die Schultern gelegt hatten, schleppten sie ein Ungetüm von Maschine herein. Mama dirigierte sie in die große Stube, wo die Maschine zwischen dem Schreibtisch, der in dem Erker stand, und dem großen Bücherschrank abgestellt wurde. Es war eine Druckmaschine, wie Mama mir erklärte, die auf einem stabilen Holzgestell montiert war.

Papa war an diesem Tag unterwegs gewesen, und als er heimkam, freute er sich über die Lieferung, die er schon erwartet hatte. Jetzt konnte er seinen Plan verwirklichen. Unter der glänzenden Messingklingel an der Wohnungstür befestigte er ein Kärtchen, auf dem stand: *Julius P. Friede. Spezialvertrieb von Rabattreklame.*

Papa erklärte uns, wofür die Druckmaschine nötig war, wie sie funktionierte und wie sie zu bedienen war: In einen Metallrahmen wurde der Bleisatz mit dem Namen des Kunden eingepasst. Gegenüber von diesem Rahmen auf einer schrägen, umrandeten Fläche wurde ein Stoß mit perforierten Marken gelegt. In den Tagen zuvor waren mit der Post schon einige Pakete mit diesen Marken geliefert worden. Immer hundert dieser kleinen, bunten, perforierten Marken waren auf einem Bogen angeordnet, sie sahen aus wie Briefmarken, nur kleiner.

Wenn nun der lange, eiserne Hebel mit dem Holzgriff auf der linken Seite kräftig hinuntergedrückt wurde, rollte eine Gummiwalze erst über eine große, runde Scheibe, auf die Druckerschwärze aufgetragen werden musste, und lief dann weiter über den Bleisatz; gleichzeitig wurden die Marken dagegen gepresst. Der Druckvorgang war beendet, hundert Marken trugen nun den Namen des Geschäfts. Der Prozess musste so oft wiederholt werden, bis die Menge Rabattmarken, die der Ladenbesitzer bestellt hatte, bedruckt war. Der gab seinen Kunden beim Einkauf von je einer Mark ein Märkchen. Die Märkchen konnte man dann auf Karten, die Papa auch verkaufte, kleben und so sammeln. Für hundert Märkchen, so viel Felder hatten die Karten, erhielt der Kunde dann drei Mark an der Kasse in bar, was einem Rabatt von drei Prozent entsprach.

Das Drucken war eine mühselige Arbeit. Meistens stand Mama auf einem niedrigen Schemel vor der Maschine und druckte Stunde um Stunde, bis ihr der linke Arm wehtat. Ich musste oft helfen; anfangs machte mir das noch Spaß, aber bald wurde auch mir die anstrengende Arbeit über.

Papa war von früh bis spät mit unserem kleinen Auto unterwegs, um die Rabattmarken auszuliefern. Wenn er Aufträge von neuen Kunden heimbrachte, ging er erst mal in die Hagelberger Straße in eine größere Druckerei, um dort die Bleisätze mit den Namen der neuen Kunden gießen zu lassen. Anfangs begleitete ich ihn, später schickte Papa mich alleine dort hin, und ich durfte zusehen, wie die Buchstaben aus den vielen Setzkästen gesammelt und zusammengestellt wurden. Es war ein höllischer Krach, weil die Maschinen ständig liefen, und es stank nach Druckerschwärze.

Aber allein mit den Einnahmen aus Papas „Spezialvertrieb" konnten wir uns die große Wohnung nicht mehr leisten. Nach längerem Überlegen machte sich Mama auf die Suche nach einem Untermieter.

Im Mai zog Dietrich ein, ein älterer Mann um die sechzig, mit Tränensäcken unter den müden Augen, dicken Adern an den Schläfen, einem hängenden, zerzausten Schnauzbart und wenigen grauen Haaren auf dem kantigen Kopf. Er quartierte sich bei uns ein und verließ sein Zimmer fast nie.

Wenn Mama irgendetwas in der Wohnung nicht gleich finden konnte, verdächtigte sie sofort Dietrich: „Dietrich hat geklaut!" Meistens stellte sich heraus, dass Mama das Gesuchte selbst verlegt hatte, was sie aber nicht davon abhielt, beim nächsten Mal wieder Dietrich zu verdächtigen. „Dietrich hat geklaut" wurde bei uns zum geflügelten Wort, obwohl sich nie nachweisen ließ, dass Dietrich wirklich etwas entwendet hatte.

Der alte Mann faszinierte mich. Zwischen seinen langen, gelben Zähnen steckte fast immer eine Pfeife, in der er ein scheußlich stinkendes Kraut rauchte. Er trug Hemden ohne Kragen und darüber eine verschmutzte Weste, die aussah, als würde er sie auch als Taschentuch benutzen. Überhaupt schien er sich nicht besonders um sein Äußeres zu kümmern.

Nach der Schule setzte ich mich oft in seinem dürftig möblierten, blau verqualmtem Zimmer auf eine Fußbank neben seinen zerschlissenen Ohrensessel und lauschte mit Spannung seinen aufregenden Kriegsgeschichten, von denen ich gar nicht genug bekommen konnte. Er erzählte von den Schlachten an der Marne und an der Somme und vom Kampf um Verdun. Am Ende seiner Erzählungen holte er alle seine Orden aus der Kommode, wischte mit dem Ärmel seines Hemds kurz darüber und reichte sie mir. Besonders stolz war er über das Eiserne Kreuz, das ich andächtig bestaunte und mir ausmalte, wie Dietrich Handgranaten werfend aus dem Schützengraben kletterte und über Leichen in Bombentrichtern stolpernd gegen die Franzosen anstürmte.

–2–

Nur selten sprach Mama mit mir über ihr Zuhause in Russland, aber wenn sie es tat, hörte ich immer sehr angeregt zu. Sie erzählte von Minsk, der Stadt, in der sie geboren worden war, und vom wunderschönen Petersburg, in das sie noch vor dem Krieg umgezogen waren. Besonders ihren Vater, meinen Großvater, hatte sie sehr geliebt. Er war Geschäftsmann gewesen und hatte im Zarenrussland sehr gut verdient. Er war sogar oft in Deutschland gewesen, wo er komplette Eisenbahnen für Russland gekauft hatte.

„Er war ein kluger und guter Mensch, leider ist er viel zu früh gestorben. Weißt du, er hatte eine schlimme Krankheit, Krebs. Ich habe ihn sehr, sehr geliebt." Mama holte tief Luft und fuhr fort, von den Reisen zu erzählen, die sie jedes Jahr im Frühjahr nach Meran unternommen hatten, die ganze Familie, ihre ältere Schwester, der ältere Bruder und die Eltern.

„Stell dir vor, in Meran habe ich einmal bei einem Spaziergang im Schaufenster eines Fotografen ein Bild von meinem Vater gesehen. Ich habe es sofort gekauft und seitdem nehme ich es überall mit hin, wo ich auch bin. Du kennst das Foto, es ist der schöne Mann mit den weißen Haaren." Mama zeigte auf das Foto in dem braunen Rahmen, das im Schlafzimmer an der Wand hing. Ich betrachtete das Foto mit dem Mann im steifen, weißen Kragen mit dunkler Krawatte zum ersten Mal genauer.

„Und wer ist der Mann neben ihm?", fragte ich und zeigte auf den anderen mit der Fliege.

„Das ist ein Geschäftsfreund", erklärte Mama. „Hier", sie holte ein postkartengroßes Bild aus einer Mappe aus ihrem Nachttisch hervor. „Das ist meine Schwester ... eine richtige Schönheit. Das Foto ist auf der Krim aufgenommen worden, sie hat da an einem Schönheitswettbewerb teilgenommen." Auf dem braun getönten Bild war eine Frau im Profil zu sehen, die Mama sehr ähnlich war und ebenso lange, dunkle Haare hatte. Sie trug ein Kleid mit einem unglaublich tief ausgeschnittenen Rückendekolleté.

„Und was ist mit deinem Bruder?", fragte ich neugierig.

„Mein Bruder" – Mama hielt sich ein Taschentuch an die Nase – „wurde abgeholt ... Er war Professor für Geschichte an der Universität." Mama drehte sich um und weinte in das Tuch. Damit war das Gespräch zu Ende. Ich traute mich nicht, noch mehr Fragen zu stellen.

Seitdem ich zur Schule ging, nannte Mama öfter den Namen Herman. Herman war ihr erster Mann gewesen, nach meiner Geburt hatte sie sich von ihm scheiden lassen. Lachend und seufzend erzählte sie von der schrecklichen Ehe, die sie mit dem „Meschuggenen" geführt habe, geschlagen hätten sie sich und sogar gegenseitig mit Kochtöpfen und Bratpfannen beworfen.

„Oi-joi-joi, was für Zores. Es war die Hölle. Die ganze Herman'sche Mischpoche war meschugge", klagte sie eines Sonntagmorgens. Gedankenverloren sah sie an die mit Stuck verzierte Decke. Ich lag wieder mal bei ihr im Bett, während Papa in der Küche Frühstück machte. Mit meinen Fingernägeln strich ich leicht ihren Arm rauf und runter, so wie sie es gern hatte.

„Ich hab Herman doch vor der Hochzeit gar nicht gekannt. Die Eltern hatten einen Schadchen beauftragt, das ist ein Vermittler, der sollte den richtigen Mann für mich aussuchen. So war das früher bei den Juden bei uns zu Hause", seufzte Mama. „Der sollte aus gutem Hause kommen, einen anständigen Beruf haben und wohlhabend sein. Das war das Wichtigste. Ich war 17, als ich verheiratet wurde, und habe geglaubt, die Kinder würden aus dem Nabel kriechen. So dumm wurde ich gehalten." Mama schüttelte den Kopf.

Als die Bolschewiken an die Macht gekommen waren, hatte sie ihre Eltern und Geschwister verlassen und war mit Herman nach Schweden geflohen. In Stockholm produzierte Herman zusammen mit seinem Bruder, der ebenfalls Chemiker und auch geflohen war, pharmazeutische Artikel und verkaufte sie an die Länder, die Krieg miteinander führten. Dabei verdiente er viel Geld. Später, als der Krieg schon lange zu Ende war, waren sie dann, wie viele russische Emigranten, nach Berlin gekommen. Hier hatte Mama Papa kennen gelernt. Und sich schon bald darauf von Herman getrennt.

„Oi-joi-joi, Kinderlach, was hab ich alles gemacht, um dich nicht zu kriegen", sagte Mama lachend und schüttelte heftig ihren Kopf. „Alles hab ich versucht. Gesprungen bin ich von Tischen und Stühlen. Ich hab dich nicht kriegen gewollt, aber alles war umsonst, kein Kopke nit wert", klagte und stöhnte sie und lachte noch immer, auch als sie mich so fest umarmte, dass ich beinahe erstickt wäre.

„Ich hab dich in die Windeln gepackt und bin mit dir und Papa nach Hamburg gefahren. Du warst sooo klein." Mama zeigte mir, wie klein ich gewesen war. „Dort bin ich mit dir auf ein Schiff gegangen und nach St. Petersburg gefahren. Papa hat lange am Kai gestanden und uns nachgewunken. In Petersburg habe ich meine Mutter und die Geschwister besucht. Ich habe sie fragen gewollt, ob ich Julius heiraten darf. Papa ist kein Jude, also ein Goi, und fromme jüdische Eltern wollten, dass ihre Kinder nur jüdische Ehepartner heiraten."

„Ja, aber warum denn?", fragte ich Mama.

„Tja, so war das damals, und es gibt auch heute noch Menschen, die nur innerhalb ihrer Religion den Mann oder die Frau suchen. Aber deine Großmutter hat damals gesagt, wenn der Goi ein anständiger Kerl ist, heirate ihn. Sie hatte inzwischen eingesehen, dass der Mann, den sie für mich ausgesucht hatte, zwar ein Jude war, aber sonst nicht zu mir passte. Die Schwester hat auch ja gesagt." Mama gab mir einen Kuss auf die Stirn. „Tja, und als ich dann wieder in Berlin war, hab ich Papa geheiratet!"

Mama beugte sich mit geröteten Augen zu mir herunter und sprach ganz leise weiter: „Bei diesem Besuch in St. Petersburg habe ich auch erfahren, dass die GPU, das ist die Geheimpolizei in Russland, eines Nachts meinen Bruder abgeholt und in die Verbannung nach Sibirien geschickt hat. Niemand hat gewusst, warum. Und seitdem hab ich nichts mehr von ihnen gehört. Meine Familie hatte Angst, dass auch sie große Schwierigkeiten bekommen würden, wenn sie Post aus Westeuropa erhalten würden. Und von ihnen wollte mir auch keiner schreiben, aus Vorsicht." Mama zog die Nase hoch und schnäuzte in ihr Taschentuch, bevor sie sagte: „Aber dein richtiger Vater ist eben dieser Herman."

Diese Tatsache interessierte mich wenig, ich hatte ja Papa, das war mein Vater, einen besseren gab es nicht, und ich wollte auch keinen anderen, um nichts auf der Welt!

Auch eine bessere Mama gab es nicht, auch wenn sie mir oft mit ihrer übergroßen Fürsorge fast die Luft abdrückte.

„Wer ist eigentlich dieser Monja?", fragte ich nun.

Diesen Namen hatte ich schon öfters aufgeschnappt, wenn Mama und Papa sich unterhielten. Ich konnte mit dem Namen nichts anfangen und es hatte mich auch nicht interessiert, wer zu dem Namen gehörte. Aber nun hatte ich mitbekommen, dass dieser Monja bald zu Besuch kommen würde. Ich spürte, dass Mama sehr aufgeregt wurde, wenn sie von ihm sprach, und sich offensichtlich sehr auf sein Kommen freute.

„Monja ist doch dein Bruder", lachte Mama und drückte mich stürmisch an sich.

„Was? Ich habe einen Bruder?", fragte ich ungläubig. „Wo war denn der bis jetzt? Warum ist denn der nicht bei uns? Wann kommt der denn? Wie alt ist denn dieser Monja?" Ich konnte die vielen Fragen gar nicht so schnell aussprechen, wie sie mir einfielen.

„Aber Monja war doch schon mal hier, da warst du noch ganz klein. Du hast es nur vergessen. Ganz früher haben wir alle zusammen in der Waitzstraße gewohnt, in der Nähe vom Kurfürstendamm. Monitschka ist dann bei seinem Vater, dem meschuggenen Herman, geblieben und mit ihm nach Riga gegangen. Er ist zwölf Jahre älter als du und kommt zu uns in zwei Wochen." Aus der Küche zog Kaffeegeruch zu uns ins Schlafzimmer. Mama wühlte sich aus den Decken und stand auf. Sie wollte mich hochheben, ließ mich aber nach einem kurzen Versuch doch liegen, ich war ihr zu schwer. „Und er wird eine Freundin mitbringen, hat er geschrieben, die hat auch Mischpoche in Berlin."

Ich spürte, wie die Freude auf den plötzlich aufgetauchten großen Bruder etwas gedämpft wurde, ich hätte es lieber gehabt, wenn er allein gekommen wäre.

„Was ist denn das eigentlich für ein ulkiger Name, Monja?", fragte ich.

„Der kommt von Emanuel, Monja ist sein Kosename", antwortete Mama.

Endlich kam der Tag, an dem Monja und seine Freundin ankommen sollten. Ich fuhr mit Mama zum Schlesischen Bahnhof, um sie abzuholen.

Als wir ankamen, war der Zug schon eingefahren, und Monja stand auf dem Bahnsteig und wartete auf uns. Er war groß und schlank und hatte glatte, nach hinten gekämmte, dunkle Haare. Was mir sofort auffiel, war sein großer Adamsapfel, der rauf- und runterhüpfte, wenn er sprach. Während er und Mama sich umarmten und anscheinend gar nicht mehr voneinander lassen wollten, standen seine Freundin und ich abseits. Aber dann beugte sich Monja auch zu mir, nahm mich auf den Arm und küsste mich. Ich wich ihm nicht mehr von der Seite.

Seine Freundin beachtete ich kaum. Sie war blond und pummelig und hatte eine außergewöhnlich hohe Stimme, die uns allen schnell auf die Nerven ging. Papa nannte sie bald nur noch die singende Säge. Die Freundin war Fußpflegerin und arbeitete in Riga in einem der vielen Hühneraugenläden von Dr. Scholl. Wir hatten auch so einen bei uns in der Nähe, in den Mama ab und zu ging.

Wir waren alle erleichtert, als sie uns nach ein paar Tagen verließ und zu ihren Verwandten zog.

Es war schönes herbstliches Wetter, und Monja ging fast jeden Tag mit mir spazieren, Museen besuchen. In der Leipziger Straße, nicht allzu weit von uns, war das Postmuseum. Hier gab es viel zu sehen, was mich faszinierte: die alten Postkutschen, Postautos, ein Eisenbahnwaggon, in dem die Postsachen transportiert und gleichzeitig sortiert wurden, Postuniformen und – streng bewacht – ein Exemplar der seltenen Blauen Mauritius, deren hohen Wert mir Monja erklärte.

Im Zeughaus Unter den Linden konnten wir stundenlang umherspazieren und uns die alten Kanonen, Waffen und Rüstungen ansehen.

Köstlicher Höhepunkt und Abschluss eines jeden Tages waren

Schokolade, Kuchen oder Eis mit Schlagsahne im Café Kranzler an der Ecke Unter den Linden oder anderswo, die Monja mir spendierte.

Die Tage vergingen wie im Flug, und ich hätte am liebsten auch die Abende mit meinem neuen Bruder verbracht. Aber an denen gingen meine Eltern mit ihm aus und ließen mich allein zu Haus zurück, trotz meiner lautstarken Proteste.

„Sag mal, wie war unser Vater eigentlich?", wollte ich von ihm wissen, als wir wieder mal Unter den Linden unterwegs waren. Wir gingen am Ehrenmal vorbei und schauten uns die Wachablösung an.

„Er war groß, immer elegant angezogen und hatte die Angewohnheit, jeden Morgen kalt zu duschen. Wenn mal die Rede auf Mama kam, fing er sofort an, auf sie zu schimpfen. Er hat sich nur um seine Geschäfte gekümmert und mich ganz in die Obhut meiner Tante gegeben. Im Sommer sind wir jedes Jahr an den Strand von Riga gefahren, wo er ein Haus gemietet hat, in dem auch der Rest der Familie die Ferien verbrachte. Sonst kann ich dir nicht viel sagen. Ich erinnere mich noch ziemlich gut an den Tag, als Mama mit dir verschwunden ist. Da war ich zwölf. Ich weiß noch, dass Papa euch tagelang gesucht hat, in Restaurants, Cafés, Bars und Hotels, eben überall, wo ihr in Berlin hättet sein können. Na ja, und bald danach sind wir nach Riga zu meiner Tante gezogen. Von unserer Großmutter hat er dann erfahren, dass Mama wieder geheiratet hat."

„Gibt es nichts, was unser Vater mal mit dir allein unternommen hat?"

Monja überlegte, schüttelte dann aber den Kopf.

„Hat er denn danach mal Anstalten gemacht, sich um mich zu kümmern?"

„Nein, ich glaube nicht, du warst ja gerade erst geboren worden. Er hat dich kaum wahrgenommen, da warst du auch schon weg."

„Ist ja eigentlich auch egal. Ich habe einen wunderbaren Vater, einen zweiten brauch ich sowieso nicht."

Nach zwei Wochen schon musste Monja zurück nach Riga.

−3−

Trotz der schwierigen wirtschaftlichen Lage hatten wir zu Hause auch weiterhin viel Besuch, und ich verbrachte die Nachmittage oft damit, aus dem Nachbarzimmer den Gesprächen zu lauschen. Meistens waren es russische Emigranten, die während der Revolution in Russland nach Berlin geflüchtet waren. Es waren ältere Herren mit gepflegten Bärten und Monokeln, eingehüllt in süßliche Parfümwolken, die sich gegenseitig auf die Wangen und den Damen die Hände küssten, und herausgeputzte Frauenzimmer, die ihre Hüte nie abnahmen und mit behandschuhten Händen und abgespreiztem kleinen Finger Tee tranken und Zigaretten oder Zigarillos rauchten. Manchmal servierte Mama auch Borschtsch, eine rote Suppe, die sie aus viel Kohl, roten Rüben, Fleisch und saurer Sahne kochte und die immer sehr gelobt wurde.

Bevor Mama mich an solchen Abenden ins Bett schickte, musste ich der Champagner schlürfenden Versammlung meine Kunststückchen auf der Schaukel und an den Ringen vorführen, die Papa im Türrahmen zur großen Stube befestigt hatte. Ich bekam immer viel Applaus, den Mama sichtlich genoss.

Als Mama es einmal versäumte, mich nach meiner Vorstellung sofort ins Bett zu schicken, setzte ich mich neben Papa, der sich angeregt mit einem jüngeren Russen mit langen Haaren und Brille unterhielt. Ich lauschte dem Gespräch und hörte zu, wie der Mann Papa mit erregten Gesten von seiner Heimat erzählte. Als junger Mann war er einmal zu Freunden seiner Eltern, die große Ländereien besaßen, in die Sommerfrische geschickt worden. Während dieses Aufenthalts hatten er, die Söhne und Töchter des Gastgebers und noch weitere Freunde in mehreren Kutschen eine ausgedehnte Landpartie unternommen. Dabei wurden große Mengen Wodka getrunken, es wurde gescherzt und gelacht. Als die ausgelassene Gesellschaft aus einem Waldstück auf das offene Feld herausfuhr, begegnete den jungen Leuten eine Gruppe von Landarbeitern, die schmutzig, zerlumpt und müde nach der schweren Arbeit auf dem Weg zu ihren armseligen Hütten waren. Während die Kutschen sich näherten, rissen die Arbeiter geschwind die Mützen von ihren Köpfen und machten tiefe Verbeugungen, bis auf einen, der die Mütze aufbehielt, weil er so schnell nicht Sichel und Forke in die andere Hand wechseln konnte. Wie der Blitz sprang der Verwalter, der die vorderste Kalesche lenkte, herab, rannte auf den Arbeiter zu und nagelte ihm unter lautem Fluchen die Mütze auf dem Kopf fest. Die jungen Leute auf den Kutschen klatschten Beifall, lachten, schlugen sich auf die Schenkel und prosteten dem Verwalter zu, der bereits wieder auf dem Bock Platz genommen hatte und die Zügel anspannte. Sie lachten noch immer, als die Fahrt schon weiterging. „Keiner warf auch nur einen Blick auf den zusammengesunkenen Mann", erzählte mit zorniger Stimme der Russe und fuhr leise fort: „Nach einigen Minuten war der Fall vergessen."

Ich stand inzwischen hinter Papa, der immer wieder den Kopf schüttelte, und hörte mit Schaudern weiter zu.

„Diese Grundbesitzer haben ihre Arbeiter als Leibeigene, als Sklaven betrachtet, und wer gegenüber seinem Herren nicht gebührend Ehrfurcht gezeigt hat, ist eben so behandelt worden", erklärte mit erhobenen Schultern der junge Mann.

Nun entwickelte sich eine heftige Diskussion über die Notwendigkeit der Roten Revolution.

Schließlich entdeckte Mama mich unter den Erwachsenen. Sie schaute mich völlig verdutzt an und scheuchte mich ohne Gutenachtkuss ins Bett.

Die Geschichte mit der Mütze, die auf dem Kopf festgenagelt wurde, ließ mich nicht los, und ich schlief an diesem Abend erst spät ein.

Meine Mutter war eine schöne Frau, und ich konnte es auf unseren Ausflügen meinem Vater geradezu ansehen, wie viel Vergnügen es ihm machte, sich mit ihr in der Öffentlichkeit sehen zu lassen. Mama brauchte viel Zeit, um sich zum Ausgehen fertig zu machen. Papa und ich hingegen waren immer schnell fertig und warteten dann ungeduldig auf sie.

Ihre wunderbar weiche, weiße Haut pflegte sie mit Cremes und Wässerchen, mit Masken und Packungen. Ihre vollen, dunklen Haare kämmte sie für gewöhnlich streng nach hinten und flocht sie dann zu einem dicken, langen Zopf, den sie als Knoten tief im Nacken trug. Regelmäßig bürstete und spülte sie ihre Haare, mal mit Essig, mal mit Zitrone, mit Honig und mit Eiern.

Vor dem Ausgehen gab sie durch einen kleinen Trick ihrem ebenmäßigen Gesicht noch einen Hauch ins Mondäne: Mit der dunklen Asche eines Streichholzes, dessen Schwefelkopf sie abbrannte, markierte sie einen schwarzen Schönheitsfleck zwischen Nase und Oberlippe.

Einer der Lieblingsplätze meiner Eltern war das elegante Café Wien am Kudamm, und sie nahmen mich fast immer mit, wenn sie nachmittags dahin gingen: viel dunkelroter Plüsch, dicke, Geräusche schluckende Teppiche, zuvorkommende befrackte Bedienung und Tanzmusik.

Ich stand stundenlang, ohne müde zu werden, neben den Musikern und sah mit besonderem Interesse dem Bassisten zu, wie er sich über das riesige Instrument beugte, um an den Saiten zu ziehen und zu zupfen, das ganze Ding plötzlich Pirouetten drehen ließ, abrupt stoppte und mit seinen flinken Fingern von oben nach unten fahrend weiterzupfte. Dabei wippte sein Fuß auf und ab, und sein Wuschelkopf bewegte sich wie wild hin und her.

Währenddessen tanzten meine Eltern, unterhielten sich oder plauderten mit Freunden. Selbst wenn ich sie mal aus den Augen verlor, sagten mir Mamas dunkle, laute Stimme und ihr volltönendes Lachen, dass sie ganz in der Nähe waren.

Wenn Mama besonders gute Laune hatte, ging sie mit mir in das neue, moderne Kaufhaus Karstadt am Hermannplatz. Von der U-Bahn aus konnte man direkt über Rolltreppen und Fahrstühle in das Warenhaus mit seinen zwei Türmen und dem großen Dachgarten im siebten Stock gelangen. Wenn das Wetter schön war, spielten hier am Nachmittag Bernhard Ete oder andere der besten Tanzkapellen Berlins. Während Mama Kaffee trank und sich mit ihren Tischnachbarn unterhielt, beobachtete ich auch hier die Musiker.

Sonntags machten wir mit unserer Nuckelpinne Fahrten ins Blaue: an den Müggelsee, in die Gegend um Königswusterhausen oder nach Werder zum Baumblütenfest, wo ich oft Angst vor den Besoffenen hatte, die torkelnd und grölend durch die Straßen zogen. Wir fuhren auch nach Potsdam ins Schloss Sanssouci, wo man vor der Besichtigung riesige Filzpantoffeln über die Schuhe stülpen musste. Ich fand das furchtbar lustig und konnte gar nicht mehr aufhören zu lachen, bis ich mich dann allmählich langweilte, wenn die Erwachsenen stundenlang die alten Möbel und die vielen Gemälde bestaunten.

Im Spreewald ließen wir uns im Kahn auf den zahlreichen Ausläufern der Spree umherfahren, und Mama erzählte jedes Mal, dass sie für mich, als ich ganz klein gewesen war, eine Amme gehabt hatte, die aus dem Spreewald kam. Ich hatte keine Ahnung, was eine Amme war, war aber beeindruckt, dass Mama für mich extra eine Frau mit so einer bunten Tracht ausgesucht hatte. Ich stellte es mir aufregend vor, im Spreewald zu leben und mit dem Kahn zur Schule zu fahren – oder wie der Postmann durch die engen Flüsschen zu staken, denn nur so konnte er die Briefe austragen.

Manchmal fuhren wir zur Kaffeezeit am Nachmittag einfach raus aus Berlin und besuchten Gartenlokale. „Der alte Brauch wird nicht gebrochen, hier können Familien Kaffee kochen." Wo so ein Schild hing, konnte man für wenige Pfennige Geschirr und heißes Wasser bekommen, um den mitgebrachten Kaffee aufzubrühen, auch selbst gebackenen Kuchen durfte man mitbringen und im Garten verzehren. Auf Säulen hockten dunkelbraun glänzende, gluckende Hennen, die man durch Einwerfen eines Groschens dazu bewegen konnte, laut ratternd bunte Blecheier voll Süßigkeiten zu legen. Wenn ich den endgültig letzten Zehner von Papa in den Automaten geworfen hatte und es mir zu langweilig wurde, mit den Eltern am Tisch sitzen zu bleiben, stand ich auf, ging zu einem anderen Jungen, dessen Eltern und er sich auch nur anödeten, und fragte: „Willste mit mir spielen?" Und schon hatte ich einen Freund für den Nachmittag, mit dem ich Räuber und Gendarm oder Verstecken spielen konnte.

Als Mama eine Zeitlang ins Krankenhaus musste, hörte ich sie zuvor zu ihren Freundinnen sagen, dass sie eine Unterleibsgeschichte habe und dass alles herausgenommen werden müsse. Das machte mir große Sorgen, zumal ich nicht verstand, was das bedeutete. Ich erinnerte mich daran, was Mama immer sagte, wenn sie sonntags ein Huhn zubereitete. Jedesmal erklärte sie mir aufs Neue, wie behutsam man beim Ausnehmen vorgehen müsse, damit die Galle ja nicht beschädigt werde. Wenn das passiere, würde das ganze Huhn bitter, und man könne es wegschmeißen. Nun betete ich in aller Stille, dass man bei der Operation bloß nicht die Galle beschädigen möge.

Während Mama im Krankenhaus war, kam die Oma aus Schöneberg, um Papa und mich zu bekochen.

Schlagartig war ich von Lebertran und Haferflockenpamps befreit und lernte so unbekannte wohlschmeckende Dinge wie Blaubeerpfannkuchen, Saubohnen oder Himmel und Erde mit gebratener Blutwurst kennen. Mit Mamas Kochkünsten war es auch sonst leider nicht weit her, mit Ausnahme von Warenje, diesen köstlich süßen, dunkelroten, fast schwarzen Kirschen, die Mama mit reichlich Zucker einkochte, und noch ein paar Gerichten wie Fisch oder Makkaroni. Trotz meiner Angst um Mama genoss ich den kulinarischen Fortschritt.

Oma war Papas Mutter. Sie war eine liebenswürdige, zierliche alte Dame mit schlohweißen Haaren, die sie hochgesteckt trug. Ich kannte sie nicht anders als stets schwarz gekleidet. Um den Hals trug sie ein breites Samtband mit einer eingefassten Gemme, und sie bedeckte ihre schmalen Schultern mit einer grob gestrickten Stola. Bei einem Gespräch der Erwachsenen hatte ich aufgeschnappt, dass Oma einer Hugenottenfamilie entstammte.

Wenn wir in der Schule während der Pause zu viel Krach auf dem Hof machten, brüllte unser Klassenlehrer uns wütend an, ob wir etwa Hottentotten seien und aus Afrika kämen. Wir benähmen uns ja wie die Wilden. Hugenotten, das hörte sich so ähnlich an. Deshalb glaubte ich, dass die Oma aus Afrika kam.

Mit der Oma zusammen wohnte auch Papas Schwester, Tante Grete, mit ihrem Freund, Onkel Willi. Onkel Willi war ein gutmütiger Einfaltspinsel, der nichts zu sagen hatte. Die Hosen im Haus hatte Tante Grete an. Tante Grete hatte schwarze Haare und war stark kurzsichtig. Außerdem war sie Kettenraucherin, sie qualmte eine Zigarette nach der anderen. Als der Onkel eines Tages in der braunen Uniform eines „Goldfasans" auftrat, weil er in der Parteihierarchie zum Amtswalter aufgestiegen war, meinte Papa, dass es dazu nur deshalb kommen konnte, weil seine Schwester den Onkel dazu angetrieben habe. Tante Grete glaubte unerschütterlich an die Nazis, an Adolf Hitler und seine Propaganda – an die Vorsehung, an die Zukunft, an Großdeutschland.

Sie ergriff jede sich bietende Gelegenheit, den Führer sehen und ihm zujubeln zu können.

„Plemplem" war alles, was Papa sagte, wenn er von Tante Gretes Verblendung erzählte. Sie machte sich mit Blumen auf, wenn Hitler sich im offenen Kabriolett auf Berlins Straßen dem Volk präsentierte. Papa war einmal dabei gewesen und hatte Tante Grete beobachtet, wie sie vom Straßenrand aus Kusshändchen und Blumen warf und ihm zujubelte. Sie war auch eine der Ersten, die, ohne dazu gezwungen zu sein, die längsten Fahnen aus allen Fenstern ihrer Sieben-Zimmer-Wohnung hängte.

Das früher mal gute Verhältnis zu den Schönebergern musste zwangsweise darunter leiden, was ich sehr bedauerte, da Onkel Willi einen riesigen Studebaker mit Weißwandreifen, knallroten Ledersitzen und allem Schnickschnack fuhr, das genaue Gegenteil von Papas Straßenfloh. Wenn wir gemeinsam Ausflüge unternahmen, durfte ich immer bei Onkel Willi mitfahren. Am Ende eines jeden Ausflugs fuhren wir zum Wartburgplatz, wo die Tante und der Onkel einen Tabakwarenladen hatten. Hier wurden die zwei

Zigarettenautomaten, die neben den Schaufenstern montiert waren, aufgefüllt und das im Laufe des Tages eingeworfene Geld herausgenommen. Zu Hause in der Maxstraße saßen wir dann alle um den Tisch im Wohnzimmer und stapelten die Groschen, die die Tante in Papier rollte.

Leider bekam Oma, bald nachdem meine Mutter aus dem Krankenhaus wieder zurück war, einen Schlaganfall. Sie konnte danach nicht mehr richtig sprechen und begann, wirres Zeug zu erzählen. Voller Wut sprach sie von Nietzen, wenn sie sich über die unzähligen Wanzen in ihrer Wohnung beklagte. Als wir sie wie so oft einmal am Sonntag besuchten, las sie in ihrem Schaukelstuhl wippend und ihre Mieze auf dem Schoß kraulend laut aus dem Völkischen Beobachter vor: „Der Knoblauch und die Zwiebel sind der Juden Scheiße." Auch das Wort Speise konnte sie nicht mehr aussprechen.

– 4 –

Dietrich war kurzfristig ausgezogen. Mama suchte einen neuen Untermieter und fand bald eine junge Frau, blond, langbeinig, höflich und nett. Sie war Direktrice in einem Damenmodegeschäft am Olivaer Platz, schneiderte aber auch viel zu Haus. Mama erzählte in ihrer Begeisterung allen Bekannten von der Kunst der neuen Untermieterin. Sie konnte Stoff für ein Kleid zuschneiden, ganz ohne ein Schnittmuster zu machen oder überhaupt nur abzumessen. Sie sah sich die Kundin an und begann sofort, die einzelnen Teile mit einer großen Schere aus dem Stoff zu schneiden, alles nach Augenmaß.

Wenn ich am Nachmittag mit den Schularbeiten fertig war und mir langweilig wurde, ging ich manchmal zu ihr. Ihre Zimmertür stand meistens offen. Ich lehnte mich an den Türrahmen und schaute ihr beim Nähen oder Bügeln zu.

Eines Tages kam Besuch für sie: ein großer, kräftiger Mann mit einem massigen, bartlosen Gesicht voller Sommersprossen und angeklatschten kurzen Haaren auf dem quadratischen Schädel. Er trug SA-Uniform, dazu blanke Stiefel, und hielt einen bunten Blumenstrauß im Arm. Ich hörte ihn bei der Begrüßung noch schneidig die Hacken zusammenschlagen, dann warf er mir die Tür vor der Nase zu.

Er kam öfter, immer in brauner Uniform und glänzenden Stiefeln, und übernachtete schließlich auch bei ihr. Ich ließ mich nicht sehen, wenn der Kerl in der Nähe war. Die früher so stille, zurückhaltende Frau veränderte sich in ihr Gegenteil. Ihre Tür blieb nun meistens geschlossen. Ihre kleine, spitze Nase schien sie immer höher zu tragen, sie wurde patzig und führte sich bald auf, als gehöre ihr die ganze Wohnung. Wenn meine Eltern sie baten, die Lautstärke der Musik aus ihrem Volksempfänger zu reduzieren, die durch ihre Zimmertür dröhnte, kümmerte sie sich nicht darum. Ihr Freund blieb immer öfter über Nacht.

Mama bekam zunehmends Angst vor ihr und traute sich nicht, ihr die Meinung zu sagen. Papa scheute einen Zusammenstoß mit dem rüpelhaften SA-Mann.

Als sie eines frühen Abends allein war und die Tür zu ihrem Zimmer offen stand, schaute ich ihr von weitem nach langer Zeit wieder beim Bügeln zu. Sie trällerte gut gelaunt etwas vor sich hin. Als sie mich bemerkte, lächelte sie, sah mich dann augenzwinkernd an und fing an zu singen: „Am Abend auf der Heide, da fickten wir uns beide ..."

Ich versuchte zu lächeln, aber es wurde ein schiefes Lächeln. Ich spürte, wie ich rot wurde, und sah beschämt auf den Boden. Es war mir klar, dass „Ficken" ein ganz schlimmer Ausdruck sein musste. In der Schule hatte ich mal größere Jungen dabei beobachtet, wie sie es sich hinter vorgehaltener Hand zuriefen, dabei dreckig lachten und geheimnisvolle Handbewegungen machten. Ich fühlte, dass die Frau böse war und mich absichtlich in Verlegenheit bringen wollte.

Seit der SA-Mann zu ihr kam, konnte sie sich alles erlauben, sie hatte mit einem Mal Macht über uns, und sie spürte, dass meine Eltern ihr aus Angst keine Vorhaltungen machen würden, wenn ich ihnen von dem schlimmen Wort erzählen würde. Ich traute mich nicht, irgendjemanden zu fragen, was das Wort bedeutete. Meine Mutter hätte mir sicher jede Menge Ohrfeigen verabreicht, und ich hätte trotzdem nicht gewusst, was ficken war. Außerdem hätte Mama wahrscheinlich lange gebohrt, um zu erfahren, wer mir das Wort beigebracht hatte, und das durfte ich ihr auf keinen Fall sagen, wenn ich sie nicht aufregen wollte.

Der SA-Mann schien nur auf einen Anlass gewartet zu haben und zeigte meinen Vater wegen unerlaubten Waffenbesitzes an. Er hatte beobachtet, wie Papa in der Küche gerade seine Pistole auseinander nahm, um sie zu reinigen. Zum Glück hatte Papa einen Waffenschein, den er vorzeigen konnte, als er bei der Polizei vorgeladen wurde.

„Das Schwein hat sich bestimmt beim Blockwart oder bei einem anderen Parteibonzen über uns erkundigt", hörte ich Papa später sagen. „Der weiß über uns Bescheid und hat uns nun auf dem Kieker. Wir müssen uns in Acht nehmen."

„Aber woher wissen die, was wir sind?", fragte Mama ängstlich.

„Die wissen doch alles über jeden", antwortete Papa besorgt. „Der braucht sich doch nur auf dem Meldeamt nach uns zu erkundigen. In der Anmeldung steht doch bei dir und dem Jungen unter Religion klar und deutlich ‚mosaisch'."

Beklommenheit und Furcht machte sich breit. Wenn auch nur einer der beiden zu Hause war, wurde jedes Wort auf die Waage gelegt. Wenn Besuch kam, erzählte Papa keine politischen Witze mehr. Aber meine Eltern luden sowieso nur noch sehr selten Freunde und Bekannte zu uns ein.

Wir benutzten morgens nicht mehr das Bad, um keinem von den beiden zu begegnen. Mama füllte abends die Karaffe mit Wasser, wir wuschen uns in der Schüssel, die auf der Marmorplatte der Kommode im Schlafzimmer stand. Nur Papa bereitete sich in der Küche einen Becher heißes Wasser zum Rasieren.

Solange die beiden im Haus waren, sprachen wir nur noch im Flüsterton. Meine Eltern wurden zunehmend gereizt. Vorher hatte ich Papa nie ein lautes Wort sagen hören. Nun regte er sich schon auf, wenn Mama seine Rasierklinge dazu benutzte, ihre Haare aus der Achselhöhle zu entfernen. Früher hätte er die Klinge wortlos ausgetauscht. Unsere regelmäßigen wöchentlichen Badetage am Sonnabend konnten wir nicht mehr einhalten. Wir mussten dazu die wenigen Stunden nutzen, in denen wir allein im Haus waren.

Die beiden grüßten nicht mehr. Wir waren Luft für sie.

In ihrer Wut und Hilflosigkeit nannte Mama die Frau nur noch die „Chonte".

„Was heißt'n das?", wollte ich wissen.

„Was weiß ich. Das sagt man so", antwortete Mama ungehalten. „Aber du darfst das Wort nicht in den Mund nehmen", drohte sie mit erhobenem Finger.

An einem warmen, sommerlichen Abend war ich allein mit der „Chonte". Während ich in der großen Stube, durch die man gehen musste, um in die Küche, ins Bad oder zur Toilette zu gelangen, noch über meinen Schularbeiten brütete, lief die „Chonte" wortlos an mir vorbei in die Küche, und ich hörte, wie sie einen Kessel Wasser aufsetzte. Danach tänzelte sie fröhlich vor sich hinsummend in ihr Zimmer zurück. Nach einigen Minuten stöckelte sie auf schwarzen Pantoffeln mit hohen Absätzen erneut nach hinten. Sie trug einen gelben, glänzenden, lose hängenden Morgenrock und grinste mich provozierend an. Ich hörte, wie sie den pfeifenden Kessel vom Herd nahm, ins Bad ging und den Riegel vor schob.

Auf Zehenspitzen schlich ich zur Badezimmertür und sah ihr durchs Schlüsselloch zu, wie sie unsere Waschschüssel auf das Brett stellte, das quer über der Wanne lag, und heißes Wasser aus dem

Kessel und kaltes aus dem Wasserhahn hineinschüttete. Durch das schmale, hohe Fenster gegenüber der Badezimmertür schienen die letzten Sonnenstrahlen in den fast noch taghellen Raum. Die blonde „Chonte" streifte den Morgenrock ab, warf ihn auf einen Hocker und begann, sich splitternackt auszuziehen. Unterrock, Büstenhalter und Höschen warf sie ebenfalls auf den Hocker.

Ich zitterte vor Aufregung und betete inständig, dass die Eltern nicht gerade jetzt nach Hause kommen mochten.

Statt sich nun zu waschen, wie ich erwartete, beugte sie sich vor, spreizte ihre langen Beine weit auseinander und tat etwas, wofür ich keine Erklärung hatte: Sie zog mit beiden Händen einen nicht enden wollenden Streifen Watte, dessen letzter Teil dunkel war, zwischen ihren Beinen hervor. Mir stockte der Atem, so erregt war ich.

Danach wusch sie sich den Hals, die Arme, die Brüste, die sie dicht über die Schüssel hielt, und die Achselhöhlen. Nach dem Abtrocknen stellte sie die Schüssel auf den Boden, hockte sich darüber und begann sich einzuseifen. Mein Herz schlug bis zum Hals, als ich plötzlich Geräusche in der großen Stube hörte und mich schleunigst auf leisen Sohlen zur Küche zurückzog.

Ich hatte einen ausgetrockneten Mund und konnte kaum reden, als meine Mutter in die Küche kam, ihr Einkaufsnetz auf den Tisch legte und auszupacken begann.

Ich hoffte inbrünstig, dass sich so eine Gelegenheit noch einmal wiederholen würde. Leider vergeblich.

Aber ich kam nach diesem Erlebnis auf die Idee, mit Papas Feldstecher die erleuchteten Fenster auf der gegenüberliegenden Straßenseite zu beobachten. Natürlich nur dann, wenn meine Eltern nicht da waren. Ich hätte doch zu gerne noch einmal etwas derartig Aufregendes gesehen.

Mama und Papa atmeten auf, als der SA-Mann eine neue Stellung bei Argus, einer Fabrik für Flugzeugmotoren in Reinickendorf, antrat, denn die „Chonte" zog mit ihm. Mama freute sich so sehr über ihren Auszug, dass sie mir ein eigenes Zimmer einrichten wollte. Zwischen unserem großen Durchgangszimmer und dem Bad ging von dem langen Flur auf der rechten Seite noch ein kleines Zimmer ab, mit Fenster zum Hof. Das war das halbe unserer Viereinhalb-Zimmer-Wohnung. Das Gerümpel, das dort untergebracht war, räumten wir aus, und ich bekam meine eigenen vier Wände. Ich musste nun nicht mehr mit meinen Eltern in ihrem Schlafzimmer schlafen, worüber ich sehr glücklich war.

Unsere wirtschaftliche Situation hatte sich leider nicht verbessert, eher im Gegenteil. Deshalb bemühte sich Mama wieder um einen neuen Mieter. Bereits nach kurzer Suche fand sie einen freundlichen jüngeren Mann.

„Jetzt haben wir eine Tunte in der Wohnung", hörte ich Papa grinsend hinter vorgehaltener Hand zu Freunden sagen, die nun wieder öfter zu uns kamen.

„Der soll vorsichtig sein, dass die Nazis ihn nicht schnappen."

„Wenn die merken, dass der warm ist, bringen sie ihn nach Oranienburg."

Weder wusste ich, was eine Tunte war, noch hatte ich eine Ahnung, was „warm sein" bedeutete. Fragen wollte ich aber auch nicht, da ich das Gefühl hatte, doch keine ehrliche Antwort darauf zu bekommen.

Einige Wochen später stürmten zwei Polizisten in Zivil an Mama vorbei in das vermietete Zimmer, durchwühlten den Schrank, zogen sämtliche Schubladen heraus und warfen alles auf den

Boden. Sie sortierten eine Menge Damenunterwäsche und Schminkutensilien, rafften alles zusammen und füllten es in eine große Tasche. Sie nahmen den zitternden Mann in ihre Mitte und führten ihn ab. Auf der Straße versuchte er noch, zu fliehen. Einer der Beamten schoss ihm ins Bein.

Mama war völlig aufgelöst, hatte Herzklopfen und versuchte wie immer, sich mit Baldriantropfen zu beruhigen. Als Papa abends heimkam, erzählte sie ihm von der Durchsuchung und Verhaftung. Sie hatte sogar noch herausfinden können, dass man ihn nach Oranienburg gebracht hatte.

„War denn das ein Gangster?", wollte ich von Mama wissen. Ich hatte gehört, dass die Nazis dort ein Konzentrationslager eingerichtet hätten und dass Verbrecher in solche Lager kämen.

„Nebbich, der arme Schlucker", schüttelte sie den Kopf und wischte sich die Tränen ab. „Er war doch nur andersrum."

Eine Antwort, mit der ich auch nichts anfangen konnte.

Unser Leben zu Hause verlief bald nach diesen Aufregungen wieder in einigermaßen normalen Bahnen. Mamas Freundinnen kamen wieder zum Tee, oft schon am frühen Nachmittag. Stundenlang saßen sie zusammen und tauschten sich aus.

Die Älteste war die Bertensonsche, wie Mama sie nannte. Sie hatte in Odessa gelebt, bevor sie vor den Bolschewiken geflohen war. Mit ihren vielen Runzeln und Falten sah sie älter aus, als sie eigentlich war. Sie kam stets mit ihrer Tochter Nadjuscha, die einen ungeheuer breiten „Toches" hatte, wie Mama ihren Hintern nannte; sie war klein und kurzhalsig. Ihre kurzen, dicken Beine zwängte sie in hochhackige Pumps. Aber sie hatte ein zauberhaftes, rundes Gesicht, das von einem tiefschwarzem Bubikopf umrahmt wurde, und große, dunkle Knopfaugen.

Besonderen Eindruck machte auf mich auch die Meerson aus Bobruisk, das war in der Nähe von Minsk, wo auch Mama herkam. Sie war außergewöhnlich hässlich, trug jedes Mal denselben riesigen, schwarzen Hut, so groß wie ein Wagenrad, und hatte ihren dunkelroten Lippenstift bis weit über die Lippenränder verschmiert. Der dunkelrote Lack auf ihren Fingernägeln war abgeplatzt.

Die eleganten, reichlich mit Pretiosen behängten, geschminkten und stark nach schwerem Parfüm duftenden Frauen behielten die ganze Zeit über ihre Hüte auf, schlugen nur die engmaschigen Schleier hoch und tranken starken Tee mit Warenje in großen Mengen. Die Frauen gaben löffelweise davon in das starke Gebräu, das auf russische Art zubereitet wurde: Aus einer kleinen Kanne wurde tiefdunkler Tee-Extrakt in das hohe Teeglas gegossen und dann nach Geschmack mit siedendem Wasser aus dem blanken Samowar aufgefüllt. Wenn der Tee zu heiß war, schütteten sie ihn auf die Untertassen, pusteten eine Weile und schlürften ihn dann geräuschvoll in sich hinein. Einige nahmen statt Warenje Würfelzucker, zerbrachen ihn in der Handfläche, legten einen Teil auf die Zunge und zogen genüsslich die heiße Flüssigkeit ein, bis der Zucker im Mund zerging. Andere nahmen die Kirschkonfitüre direkt in den Mund und ließen sie so lange dort, bis der Tee alle war. Dazu reichte Mama aus Buchweizen gebackene Plinsen.

Alle qualmten, einige rauchten Zigaretten aus endlos langen, silbernen oder bernsteinfarbenen Spitzen, andere pafften dünne Zigarren oder Papyrossen, deren Pappmundstück sie mit geübtem Griff einknickten. Ab und zu blickten sie durch ihre an langen silbernen oder goldenen Ketten um den Hals hängenden Lorgnetten in die Runde.

Zwischendurch stand Mama auf, ging an unser Grammophon,

das auf einem Servierwagen stand, schraubte die Nadel ein, drehte die Kurbel und legte die neuesten Platten auf, die Papa ihr mitgebracht hatte. Wenn die Unterhaltung dann nicht leiser wurde, trat sie mehrmals energisch mit dem Fuß auf, um sich Gehör zu verschaffen. Aus dem geschwungenen Trichter ertönte Gesang von Gitta Alpar oder von Jan Kiepura. Wenn Al Jolson „Sonny Boy" sang, lauschten alle verzückt. Das Plattenkonzert endete meistens damit, dass Mama die „Jiddische Mamme" auflegte, und ebenso regelmäßig zogen die Damen ihre weißen Spitzentüchlein aus den Ärmeln und tupften sich die Augen ab. Wenn sie besonders guter Laune war, sang Mama noch selbst mit ihrer dunklen, rauchigen Stimme „Otschi Tschernyje".

Vor dem endgültigen Aufbruch holten die Frauen aus ihren Handtaschen kleine, runde Spiegel hervor und bemalten sich die Lippen, schoben Unterlippe gegen Oberlippe und umgekehrt, um die Farbe besser zu verteilen, tupften mit großen Quasten Puder ins Gesicht oder legten aus kleinen, runden Döschen Rouge auf die faltenreichen Wangen.

Wenn der Besuch dann endlich beendet war und die Frauen sich von Mama mit vielen Küssen und engen Umarmungen verabschiedeten, wurde auch ich von allen abgedrückt. Sie küssten mit ihren frisch geschminkten, nassen Mündern meine Stirn, oft auch noch die Wangen. Sobald sie aus dem Zimmer waren, nahm ich mein Taschentuch und rieb mit beiden Händen kräftig mein Gesicht ab.

Mittlerweile hasste ich diese Nachmittage und langweilte mich fast zu Tode. Verstehen konnte ich kein Wort, alle redeten russisch. Runter auf die Straße, um mit den anderen Kindern zu spielen, ließ mich meine Mutter nie. Das waren ihrer Meinung nach alles nur Straßenkinder und Dummköpfe, mit denen ich nichts zu tun haben dürfte.

Wenn ich vorher wusste, dass Mama Besuch bekam, ging ich nach der Schule zu meinem Freund Linkenbeil, der ein paar Häuser neben dem roten Ziegelbau unseres Schulgebäudes wohnte. Linkenbeil hatte ein Luftgewehr, mit dem wir in dem langen Flur der elterlichen Wohnung mit kleinen Bleigeschossen auf Schießscheiben zielten.

War es für eine Flucht zu spät, hockte ich meistens in der großen Stube auf dem Dielenboden neben Papas Schreibtisch vor dem großen Erkerfenster, durch das man auf unseren Hinterhof sehen konnte. Ich holte Spielzeug aus meinem Zimmer, baute meine Burg aus Pappmaché auf und spielte mit meinen Soldaten. Von den grauen Elastilinfiguren hatte ich so viele, dass sie mehrere Schuhkartons füllten. Feldmarschall Mackensen, die Mumie in der bunten Husarenuniform, und Hitler im braunen Hemd, dessen rechten Arm man hochheben konnte, gehörten zu meinen Kostbarkeiten.

Tee bekam ich nicht zu trinken. Mama schälte für mich einen Apfel, legte die Schale in ein hohes Glas und goss kochendes Wasser darüber. Mit der süßen Warenje war auch diese Brühe noch ganz schmackhaft.

Manchmal traf sich Mama auch mit Gurwitsch, einem alten Freund aus Russland, wie sie mir sagte. Wenn sie mit ihm spazieren ging, nahm sie mich meistens mit. Er brachte mir immer etwas zum Naschen mit, einmal einen riesengroßen Maikäfer aus Schokolade, der mit Pralinen gefüllt war. Gurwitsch war in Mamas Alter, Anfang 40, groß und schlank und immer elegant angezogen. Die beiden unterhielten sich auf Russisch, schwiegen oft lange und machten meistens einen traurigen Eindruck. Ich war immer froh, wenn der Spaziergang zu Ende war.

Wenn Mama später Gurwitsch bei ihren Freundinnen, die ihn alle kannten, erwähnte, gab es teilweise leises Kichern hinter vorgehaltener Hand oder flüsterndes Getuschel, andere schüttelten mitleidig ihre Köpfe, nur wenige beteiligten sich nicht an dem Gespräch. Da man so geheimnisvoll tat, wenn von Gurwitsch die Rede war, fragte ich Mama nach ihm.

„Och, was für Zores." Mama hielt die Hand vors Gesicht. „Er ist ein Hermaphrodit."

„Was ist der?", wollte ich wissen.

„Ein Zwitter." Anfänglich mit Tränen in den Augen versuchte Mama mir zu erklären, was ein Zwitter war. Aber Mamas Beschreibungen waren so weit weg von meiner Welt, so weit entfernt von dem, was ich mir vorzustellen vermochte, dass ich nicht weiter nachfragte und stattdessen nächtelang darüber nachgrübelte, wie Gurwitsch wohl pinkelte.

–5–

Die seltenen Tage, an denen Mamas Freundinnen nicht zu ihr kamen, sondern mit ihr zusammen ausgingen, nutzte ich dazu, Papa zu bitten, mit mir Schuhe oder andere Sachen zum Anziehen einzukaufen. Bei ihm konnte ich mir wünschen, was ich tragen wollte. Im Gegensatz zu Mama kaufte Papa mir alles, zum Beispiel Bundschuhe, die seitlich an Haken zu schnüren waren, dazu weiße Kniestrümpfe mit Zopfmuster und Bommeln. Solche Strümpfe waren bei den Hitlerjungen sehr beliebt, und ich hatte mir schon lange auch solche gewünscht.

Wieder zu Hause, lief ich gleich zu dem mürrischen, buckligen Schuster im Keller bei uns an der Ecke, der immer in der gleichen gebückten Stellung auf seinem Schemel hockte. Ich ließ mir Nägel mit breiten, dicken Köpfen unter die Sohlen, Hufeisen an die Absätze und Eisenplatten an den Spitzen anbringen, sodass ich auf dem Straßenpflaster, wie die anderen Jungen auch, Funken schlagen konnte.

Nur mein hartnäckig vorgebrachter Wunsch, in das Jungvolk eintreten zu dürfen, um Pimpf zu werden und Uniform zu tragen, wurde von Papa immer wieder aufs Neue durch kleinere Geschenke und mit hinhaltenden Versprechungen abgewiegelt.

Immerhin, ein braunes Hemd hatte ich schon. Als immer mehr aus meiner Klasse in der braunen Uniform der Hitlerjugend erschienen waren, hatte ich meine Mutter flehentlich darum gebeten und es schließlich auch bekommen, nach dem Fürspruch von Papa: „Na, Schatzelchen, färb ihm doch eins!" Und leise hatte er zu Mama noch gesagt: „Er ist doch nur so wie alle anderen Kinder."

Das weiße Hemd, das Mama darauf nur sehr zögernd und kopfschüttelnd in der Küche in einem großen Topf mit dampfender, brauner Brühe unter ständigem Umrühren gefärbt hatte, war in sich so gemustert, dass der aus einem anderen Material eingewebte Faden die Farbe nicht in dem gleichen Ton aufnahm wie der Baumwollanteil. Dadurch bekam mein braunes Hemd ein zartes Muster in Gelb. Dennoch war ich stolz wie Oskar, als die gefürchtete Heimatkunde-Lehrerin mich in der ersten Reihe marschieren und einen schwarzen Wimpel mit weißer Rune tragen ließ.

Auch jetzt ließ ich nicht locker, und schließlich blieb Papa nichts anderes übrig, als mir zu erklären, warum ich nicht Hitlerjunge werden konnte.

Ich sei Jude, genau wie Mama und mein richtiger Vater, der Herman. Und Juden dürften nun mal nicht in die Hitlerjugend. Punktum, Schluss damit.

Ich erinnerte mich, dass Papa mir mal erklärt hatte, dass Juden auf ihre besondere Art an den lieben Gott glauben und deshalb auch die Feiertage nicht so feiern würden wie wir und überhaupt andere Gebräuche hätten.

„Ja, aber wir feiern doch so wie alle andern auch", entgegnete ich, „Weihnachten mit Kerzen am Tannenbaum, und Gedichte vom Knecht Ruprecht musste ich auch immer aufsagen, und Ostern hab ich immer bunte Eier gesucht. Wieso bin ich denn dann ein Jude?"

„Weil die verfluchten Nazis das so wollen. Sie machen dich zum Juden", rief Papa unbeherrscht, was sonst gar nicht seine Art war, sah mich über die Zigarette hinweg an, zündete sie an, blies das Streichholz aus und nahm einen tiefen Zug.

„Das ist für einen Erwachsenen schon nur sehr schwer zu verstehen. Ich erklär es dir, wenn du ein bisschen älter bist." Mit ernstem Gesicht drückte er mich fest an sich und streichelte mir übers Gesicht.

Nicht Pimpf werden zu können, war schwer zu verdauen, aber ich fand mich zähneknirschend damit ab.

Da ich von Papa keine Erklärung bekam, versuchte ich selbst herauszufinden, was mich denn eigentlich von meinen Klassenkameraden unterschied. In Religion war ich immer gut gewesen, das konnte es nicht sein, und auch sonst fiel mir nichts ein.

Bei uns unten an der Straßenecke stand seit langer Zeit schon ein massives Holzgestell, auf dem ein rot umrandeter, rechteckiger, flacher Glaskasten festgeschraubt war, in dem die jeweils neueste Ausgabe des „Stürmer" aushing.

Über diesem „Stürmerkasten" stand in großen Buchstaben: „Die Juden sind unser Unglück." Bisher war ich an diesem oder ähnlichen Aushängen an anderen Straßenecken immer achtlos vorbeigegangen, nun zog er mich mit einem Mal wie magisch an. Lange und eingehend las ich den „Stürmer". Die Freundinnen und Freunde von Mama und Papa – inzwischen hatte ich mitbekommen, dass viele von ihnen Juden waren – sahen aber alle nicht so aus, wie der „Stürmer" die Juden beschrieb oder in Karikaturen und Fotos abbildete. Mama schon gar nicht mit ihrer geraden, schmalen Nase. Bei Papa konnte ich, wenn ich ihn mir genau betrachtete, schon eher eine Ähnlichkeit mit den Typen auf den Stürmerfotos feststellen, besonders an der Nase. Papa aber konnte seine „arische" Abstammung, wie er einmal lachend sagte, bis in die Steinzeit zurück verfolgen. Und er fügte hinzu: „Auch daran kannst du sehen, wie dumm die Nazis sind."

Was Papa sagte, war überzeugend. Denn warum sollten Menschen, wenn sie auf eine andere Art zu dem lieben Gott beteten, lange, krumme Nasen bekommen, klein und mickrig werden und besonders gern Knoblauch essen?

Im September 1935 unternahmen meine Eltern einen waghalsigen Versuch. Die Nazis hatten neue Gesetze erlassen, und nach denen hatten so genannte Mischlinge gegenüber so genannten Volljuden Vorteile.

Ich überlegte, ob ich schon mal etwas von Vollchristen gehört hatte, konnte mich aber nicht daran erinnern.

Die Nazis behaupteten, dass Juden keine Menschen mit einer bestimmten Religion und anderen Gebräuchen wären, sondern einer besonderen Rasse angehörten, aber nicht wie Schwarze und Chinesen, die ihrer Meinung nach auch nicht viel wert wären, nein, Juden wären eine ganz schlechte, sie wären überhaupt die minderwertigste Rasse, die es am besten gar nicht gegeben hätte.

Den neuen Gesetzen zufolge kam es nun darauf an, wie viele Großelternteile der einen oder anderen „Rasse" jemand hatte, ob er Volljude oder Mischling ersten oder zweiten Grades war.

Und das alles nur, weil sie Weihnachten keinen Tannenbaum hatten und keine Eier zu Ostern suchten? Mir ging das alles nicht in den Kopf, und wenn Papa sagte, die Nazis seien dumm, so fand ich das noch maßlos untertrieben. Er meinte auch, dass es sowieso Quatsch sei, bei Menschen von Rassen zu sprechen. Es käme immer darauf an, wem es was nütze. Mir fiel dabei ein, dass die Oma oft am Ende eines Streits mit wackelndem Kopf und Zeigefinger die „gelbe Gefahr" heraufbeschwor, die ganz sicher eines Tages über uns alle herfallen und uns überrollen würde. „Mach Dir darüber mal keine Sorgen, Omi", beruhigte Papa dann lächelnd die Oma, die ja schon seit längerer Zeit nicht mehr ganz beisammen war.

Meine Eltern schworen Stein und Bein, dass Papa mein Erzeuger und ich daher gar kein „ganzer", sondern nur ein „halber Jude" sei.

In dem weiß gekachelten Raum des Kaiser-Wilhelm-Instituts in Dahlem, in das wir zur Klärung bestellt wurden, liefen ernst und wichtig aussehende „Rasseforscher" in schneeweißen Kitteln über braunen und schwarzen Uniformen geschäftig hin und her, trugen Schublehren, Messlatten und Tafeln mit Nasenbildern und Augenfarben unterm Arm. Große, blauäugige Frauen mit um die Ohren gelegten blonden Zöpfen hielten Spritzen, Kanülen und Pipetten bereit, um mir mit kaltem Blick an den verschiedensten Körperstellen Blut abzusaugen. Sie zwängten meinen Kopf in das Gestänge der Messinstrumente, maßen meine Nase ab und berechneten mit Rechenschiebern ihren Rauminhalt, verglichen sie mit den Bildern auf den Tafeln, schüttelten mit angewidertem Gesicht beim Betrachten meiner Augen den Kopf, betasteten mein Kinn und ließen mich schließlich zu meinen Eltern gehen, die aufgeregt im Vorraum hin und her liefen.

Am Ende all dieser angeblich wissenschaftlichen Untersuchungen kam nichts heraus, was meine Situation hätte verbessern können: Die Vaterschaft sei möglich, hieß es ziemlich unwirsch, aber zu beweisen sei sie nicht. Es war also nichts mit Halbjude, ich blieb ganzer Jude.

Im Oktober 1935 standen zum ersten Mal in meinem Zeugnis statt einer Note für Religion die Wörter „nicht arisch".

„Ich habe immer mitgemacht in Religion", erklärte ich Papa, die Hände in die Hüften gestemmt, zutiefst verärgert über die ungerechte Behandlung. „Der Lehrer hat sogar oft gesagt, dass ich gut geantwortet habe. Bei meinem Nachbarn, dem Hasenkamp, müsste ja dann ‚arisch' im Zeugnis stehen, das tut es aber nicht, ich habe genau hingeguckt. Bei ihm steht 'ne drei." Ich verstand rein gar nichts mehr. Wenn ich also schon zu einer anderen Rasse als meine Klassenkameraden, deren Rasse „arisch" hieß, gehören sollte, war doch trotzdem „nicht arisch" keine Note für meine Leistung im Unterricht. Oder war arisch eine Religion?

Papa lachte auf, tippte sich mehrfach an die Stirn, brummelte leise vor sich hin, dass die Zicke von Lehrerin dumm wie Bohnenstroh sei, und sagte laut: „Unglaublich, dieser Wahnwitz, dieser Schwachsinn!" Er zeigte mein Zeugnis all seinen Freunden, die heftig ihren Kopf schüttelten.

Viele meiner Schulkameraden riefen nun häufiger und lauter „Itzig, Itzig" und „alte Judensau" hinter mir her, schubsten mich und lauerten mir auf, um mich zu verkloppen. Früher hätte ich mich mit ihnen geprügelt, als aber nun die Übermacht zu groß wurde, lief ich lieber weg. Selbst einige Feiglinge, die immer nur aus der Entfernung schrien, aber auch im Jungvolk waren und die braune Kluft trugen, hielten mich mit ihrer Warnung zurück, dass es schwer bestraft würde, wenn man jemanden, der eine Uniform des Führers trüge, auch nur anfasse.

Der dicke Kubik, der kein Blut sehen konnte und schon kreidebleich wurde, wenn ich hinter ihm nur das Wort Blut gedehnt flüsterte, trug jetzt ein Fahrtenmesser und fuchtelte damit herum, wenn er weit genug weg war.

Unser Klassenlehrer wirkte grimmig, als er mich eines Tages nach der Stunde zu sich rief und mir eröffnete, dass ich zu Beginn des Unterrichts nicht mehr wie alle anderen mit „Heil Hitler" grüßen durfte. Also ließ ich den Arm in Zukunft unten.

Täglich wurde es ungemütlicher, auch Linkenbeil, nunmehr mit braunem Hemd, Hakenkreuzbinde, schwarzem Halstuch und

Schulterriemen, zog sich zurück und solidarisierte sich mit den anderen, die mich belästigten, beschimpften, schnitten, aufzogen und verspotteten.

Eines Morgens in aller Frühe bummerte der Blockwart an unsere Tür und gab bekannt, dass die Partei zu einer Altmetallsammlung aufgerufen habe, an der alle Volksgenossen teilnehmen müssten. Er nannte die Sammelstelle, wo das ganze Zeug abgeliefert werden sollte. Papa lieh sich einen Handkarren von unserer Portiersfrau und lud ihn mit so viel Metall voll, wie er nur finden konnte. Dann liefen wir beide in die Druckerei im Keller in der Hagelberger Straße, wo Papa um altes Blei bat und auch große Mengen bekam. Als wir unsere schwere Ladung keuchend ablieferten, legte Papa großen Wert darauf zu betonen, dass ich das Metall gesammelt und abgegeben hatte. Er ließ sich eine Empfangsbestätigung auf meinen Namen ausschreiben, denn er glaubte, dass so ein Stück Papier eines Tages hilfreich für mich sein könnte.

−6−

Georg Katz war ein schmächtiger, schmalbrüstiger Junge. Er war kein Streber, aber in vielen Fächern der Beste. Er ließ jeden bereitwillig von sich abschreiben und wurde doch von allen gehänselt. Wir hatten ein paar Ältere in der Klasse, die sitzen geblieben waren und den Katz in den Pausen mit besonderer Lust piesackten. Sie bauten sich um ihn herum auf und stießen ihn von einem zum anderen, stellten ihm ein Bein und schimpften ihn „Itzig" oder riefen: „He, alter Knoblauchfresser." Oft malten sie mit Kreide einen Judenstern auf seinen Ranzen.

Ich hatte auch zu denen gehört, die über Georg witzelten und ihn auf die Schippe nahmen. Er hatte mir nie etwas getan, aber er war einfach so ein Typ, bei dem es Spaß machte, ihn zu ärgern. Er provozierte einen schon allein dadurch, dass er alles wusste. Er wehrte sich kaum, wenn alle auf ihm rumhackten, er versuchte nur mehr oder minder erfolglos, sich die Spötter vom Leibe zu halten.

Seitdem wir beide in gleicher Weise drangsaliert wurden, waren wir uns näher gekommen. Nach der letzten Stunde liefen wir meistens gemeinsam nach Hause, wir hatten den gleichen Weg und wohnten in derselben Straße, nur zwei Querstraßen auseinander. Er kam jetzt auch oft zu mir nach Hause, half mir ab und zu bei meinen Schularbeiten, und ich ließ ihn mit meinen Spielsachen spielen. Er schoss mit meinem Luftgewehr, und auch mit meinen Soldaten spielte er gern. Wenn ich zu ihm kam, ließen wir seine Märklin-Eisenbahn fahren, die in seinem kleinen Zimmer auf dem

Boden aufgebaut war. Er zeigte mir, wie die elektrischen Weichen funktionierten und die Signale gestellt wurden. Wir freundeten uns allmählich richtig an.

Als ich im Winter einmal am Freitag nach der Schule und den Hausaufgaben zu Georg Katz ging, um mit ihm zu spielen, lud mich seine Mutter ein, zum Schabbes dazubleiben. Ich nickte, murmelte „Danke" und war neugierig, wie das wohl schmecken würde.

Es war schon dunkel, aber noch nicht spät, als Herr Katz nach Hause kam. Im Gegensatz zu seiner schwarzhaarigen Frau war er groß und blond. Er zog den dicken Mantel aus, hängte ihn im Flur an den Haken, stellte seine Aktentasche neben die Garderobe auf den Boden, behielt aber den Hut auf. Dann drückte er seine Frau und Georg ab, schüttelte mir die Hand und sagte: „Gut Schabbes." Ich murmelte wieder „Danke schön" und grinste verlegen.

„Alle Mann zum Händewaschen", dröhnte Herr Katz und lief voran ins Badezimmer. „Du kannst dir auch dein Ponem waschen", sagte er zu Georg, dann nahm er ein sauberes Handtuch aus einem Regal und reichte es mir.

Als wir fertig waren, gingen wir ins Esszimmer, wo Frau Katz eine weiße Decke auf den runden Tisch breitete und Geschirr auflegte. Sie band ihre Schürze ab und holte eine Terrine Suppe aus der Küche. Inzwischen zündete Herr Katz zwei weiße Kerzen an, die auf dem Tisch standen und in hohen, silbernen Haltern steckten. Er goss aus einer Karaffe roten Wein in sein Glas, das neben einem Korb stand, in dem unter einem bunt bestickten Deckchen ein geflochtener Weißbrotzopf zu sehen war.

„Schalom Schabbat", sagten alle. Georg hatte ein rundes, schwarzes Käppchen aufgesetzt, sein Vater, der noch immer den Hut aufhatte, nahm das schwarze Buch, das neben dem Kerzenleuchter auf dem Tisch lag, blätterte darin und begann laut daraus vorzulesen.

Ich verstand kein Wort. Es war eine Sprache, die ich noch nie gehört hatte. Ich staunte, als ich feststellte, dass er von hinten nach vorn blätterte und auch von rechts nach links las. Beim Lesen wiegte er seinen Oberkörper ständig vor und zurück, mal langsamer, mal schneller. Zwischendurch sagten die drei Katzens immer wieder „Amen".

Als er mit dem Lesen fertig war, hob er sein Glas, nickte jedem zu, trank einen Schluck und sagte: „Lachaim!" Dann brach er ein Stück von dem weichen Brotzopf, reichte den Wein herum und gab jedem ein Stück Brot. Wir tranken alle einen Schluck Rotwein. Es war das erste Mal, dass ich Wein trank.

Wir setzten uns hin, und Frau Katz füllte jedem den Teller mit Hühnersuppe. Georg sagte plötzlich: „Du hast ja kein Käppchen dabei", stand auf, ging zur Kommode hinter sich, zog eine Schublade auf und reichte mir genauso eine dunkle Kopfbedeckung, wie er sie auch trug. Ich setzte sie auf.

„Wozu tragen Sie denn beim Essen was auf dem Kopf?", fragte ich neugierig und blickte in die Runde.

„Na, du trägst doch auch ein Käppchen am Schabbes, wenn dein Tate betet, oder etwa nicht?", fragte Herr Katz mit hochgezogenen Augenbrauen und sah mich fragend an. Inzwischen waren alle dabei, die Suppe zu löffeln.

„Nein, so was hab ich noch nie gesehen. Auch was sie da gelesen haben, verstehe ich nicht. Was ist denn das für eine Sprache?"

Alle lachten, am lautesten Georg. „Das ist Hebräisch, die Sprache der Bibel."

Eine kurze Pause folgte, dann fragte Herr Katz etwas unsicher: „Georg hat doch gesagt, dass du auch Jude bist?"

„Stimmt auch, mein Papa hat gesagt, als ich in das Jungvolk wollte, geht nicht, weil ich Jude bin. Verstehen tu ich das aber nicht."

„Na, schöner Jude", sagte Frau Katz lachend, „weiß nicht mal, was ein Sabbat ist."

„Nee, bei uns werden nur zu Weihnachten am Tannenbaum Kerzen angesteckt oder wenn die Sicherung durchgeknallt ist."

Abermals lautes Lachen. Georg verschluckte sich und musste so lange husten, bis sein Vater ihm kräftig auf den Rücken haute.

„Wo kommt denn deine Mami her?", wollte Georgs Mutter wissen.

„Die ist aus Russland und mein richtiger Vater auch. Die sind auch beide Juden, aber mein Papa ist keiner, und deshalb haben wir auch andere Gebräuche als Juden", antwortete ich, schüttelte den Kopf und zuckte mit den Schultern. Ich versuchte zu erklären, wie kompliziert unsere Familienverhältnisse waren.

Frau Katz hatte inzwischen eine Platte mit kaltem Fisch, der in Gelee lag, aus der Küche geholt. Dazu gab es roten Meerrettich und den frischen Weißbrotzopf. Das Gericht nannte sich Gefillte Fisch und schien mir nur mit dem milden geriebenen Meerrettich genießbar.

Zu Hause erzählte ich, wie es bei Katzens zugegangen war und was ich dort von den jüdischen Gebräuchen mitbekommen hatte.

Daraufhin meinte Mama, wenn Hitler – die Cholera solle ihn holen! – mich schon zum Juden gemacht habe, solle ich auch etwas über Juden wissen, und sie lud Kugel, einen alten Freund aus frühen Berliner Tagen, jetzt öfter zu uns nach Hause ein.

„Nebbich, er ist ein armer Schlucker", sagte Mama, „aber er hat einen klugen Kopf."

Kugel stammte, wie Herman auch, aus Wilna. Er war ein paar Jahre älter als Mama, er war nicht groß, aber sportlich. Er hatte ein gesundes, rosiges Gesicht und trug wegen seiner Kurzsichtigkeit eine dicke, runde Nickelbrille, deren dünne Drahtbügel er sorgfältig mit beiden Händen erst hinter das eine Ohr legte, dann um das andere. Um seine blanke Glatze wuchsen kreisförmig einige wenige rötliche Löckchen. Er war Junggeselle, wohnte in einem möblierten Zimmer am Gesundbrunnen und verdiente sein spärliches Einkommen mit dem Verkauf von Leder an Schuhmacher. Von Leder verstand er was, das war sein Metier. Er bläute mir bei jedem Besuch ein, dass ich täglich meine Schuhe putzen müsse, Staub würde das Leder zerfressen.

Er blieb auch manchmal über Nacht bei uns. Einmal holte er mich morgens früh aus dem Bett und nahm mich mit in unser Badezimmer. Nach einigem schamhaften Zögern ließ er seine Pyjamahose runter, stieg in die Wanne und wusch sich von Kopf bis Fuß im eiskalten Wasser.

„Nu, Pepke, hob kei Meure nich", versuchte er mich lachend zu animieren mitzumachen. Pepke, so nannte er mich immer. Aber seine Mühe war umsonst. Ich hätte mir mit so eisigem Wasser nie im Leben freiwillig den ganzen Körper gewaschen. Hinterher frottierte er sich so lange, bis seine Haut sich krebsrot verfärbte. Bevor er sich anzog, machte er noch 30 Kniebeugen und ebenso viele Liegestützen.

Er gab sich viel Mühe, mir das Judentum näher zu bringen. Ich fand ganz spannend, was er erzählte, und freute mich jedes Mal, wenn er wieder zu Besuch kam. Nach dem Abendessen saßen wir um den Tisch in der großen Stube herum, Papa und Kugel tranken Tee, Papa qualmte, wie immer seine Selbstgedrehten. Mama holte aus einer Blechdose selbst gebackene Plätzchen, steckte eine Zigarette mit Goldmundstück in ihre lange, in verschiedenen Schattierungen leuchtende Bernsteinspitze, hüstelte erst, hustete dann, um schließlich krächzend die Zigarette nach ein paar Zügen wieder auszumachen. Sie konnte nicht rauchen, versuchte es aber immer wieder.

An Purim erzählte Kugel die Geschichte der schönen Esther, die den persischen König Ahasverus erweichen konnte, seinen Minister, den Judenhasser Hamann, davon abzuhalten, alle Juden, jung und alt, in seinem Reich umzubringen. Deswegen würden die Juden diesen Tag auch heute noch mit fröhlichen Umzügen feiern, die Kinder sich bemalen und maskieren. Wenn Kugel erzählte, sahen mich seine Augen, durch die dicken Brillengläser stark verkleinert, ernst an. Mama nickte zwischendurch zustimmend.

Einen Tag vor Pessach, einige Wochen nach Purim, brachte Kugel eine Tüte Mehl und ein großes Paket runder, flacher Brote mit. Wie er mir erklärte, waren es Matzenmehl und Matzen, ungesäuerte Brotfladen. Die Juden hätten sie auf ihrer Flucht aus Ägypten in aller Eile gebacken.

Die Matzen, dick mit Butter bestrichen, schmeckten toll. Kugel wies allerdings darauf hin, dass es nicht der Sinn der Sache wäre, Butter oder anderes auf die Matzen zu streichen. Die Juden hätten damals auch nichts gehabt, womit sie das ungesäuerte Brot hätten schmackhafter machen können.

Aus dem Matzenmehl machte Mama am nächsten Tag „Knödlach", die zum Mittagessen in der Hühnerbrühe schwammen.

Am Sederabend tischte Mama Gefillten Fisch auf, dazu gab es Mohnzopf und wie schon bei Katzens mit rotem Rübensaft vermischten Meerrettich. Mamas Gefillter Fisch schmeckte mir viel besser als der bei Katzens.

Kugel erklärte bei Tisch – und auch Papa hörte, wie immer,

wenn Kugel den Sinn der jüdischen Feiertage erklärte, gespannt zu – ein Buch, das er mitgebracht hatte, die „Haggada". Das war Hebräisch und hieß so viel wie „biblische Erzählungen".

„Ma nischtana ha laila ha'se", sagte Mama lachend und erzählte davon, wie sie und ihre Geschwister als Kinder zu Hause am Sederabend den Erwachsenen die Fragen gestellt hatten, die mit diesen hebräischen Wörtern anfingen und die in der Haggada beantwortet wurden.

Es waren immer die gleichen Fragen, erklärte Kugel, und die Kinder würden sie meistens dem Großvater stellen: „Warum ist diese Nacht anders als andere Nächte, warum dürfen wir in dieser Nacht nur ungesäuertes Brot essen, warum dürfen wir nur bittere Kräuter essen und warum werden die Kräuter in Salzwasser getaucht?"

Dieses Buch würde an jedem Sederabend gelesen. Es berichtete von der Befreiung der Juden aus der ägyptischen Knechtschaft, von der wunderbaren Rettung im Roten Meer und der Ankunft am Berge Sinai, wo die Kinder Israels die Tora erhielten.

Die Bedeutung der jüdischen Feiertage, so wie Kugel sie mir zu erklären versuchte, beeindruckte mich, und ich fand die Anlässe zum Feiern einigermaßen einleuchtend.

An einem Abend im Herbst 1936 erschien Kugel in ungewohntem Aufzug: schwarzer Anzug, schwarzer Hut, dunkler Mantel. Es war Rosch ha-Schana, das jüdische Neujahrsfest. Mama hatte den Tisch feierlich mit Kerzen gedeckt und wieder Gefillten Fisch zubereitet. Es gab Barches, wie Mama den Weißbrotzopf nannte, und Rotwein. Zum Nachtisch kamen Äpfel mit Honig auf den Tisch. Mama erzählte, dass es bei ihr zu Hause in Russland zum jüdischen Neujahrsfest immer Äpfel mit Honig gegeben hatte und dass ihre Familie die Gebote und Feiertage immer streng eingehalten hatte.

„Gut Jonteff", rief Kugel laut in mein Zimmer, um mich aufzuwecken, als er am nächsten Morgen wiederkam.

„Pepke, mach dich fertig, du brauchst heute nicht zur Schule. Ich nehme dich mit in die Synagoge. Rosch ha-Schana ist einer der höchsten jüdischen Feiertage. Heute gehen alle Juden in den Tempel. Hier, steck das ein." Er hatte mir so ein schwarzes Käppchen, wie Georg es mir gegeben hatte, mitgebracht. Ich sprang aus dem Bett und war gespannt auf das, was mich erwartete.

Wir gingen zu Fuß den langen Weg bis zur großen Synagoge in der Lindenstraße.

Leichter Regen hatte eingesetzt, als wir durch den hohen Bogen des Vorderhauses in den Hof eintraten. Viele dunkel gekleidete Männer mit Zylinder, Melone, schwarzem Hut oder einer Kippa, wie ich sie nun aufsetzen sollte, gingen vor uns die breiten Stufen hinauf und strömten durch die drei großen, mit Eisen beschlagenen Eingangstüren in das Innere der Synagoge. Frauen konnte ich zunächst nicht sehen. Kugel hielt mich fest an der Hand, damit wir uns nicht verloren, und zog mich an den vielen Menschen vorbei in den hohen Innenraum.

Riesige, runde Lampen hingen von der gewölbten Decke und erhellten den imposanten Saal. Rechts und links vom breiten Mittelgang waren die Bänke bereits besetzt. Als ich mich umsah, bemerkte ich auch Frauen, die, dunkel gekleidet, auf der Galerie Platz genommen hatten. Die meisten Männer hatten kurze oder lange, weiße Gebetstücher mit schwarzen Streifen und Fransen über ihre Mäntel geschlungen. Ganz vorn nahmen einige ältere Juden aus einem Schrein mehrere Thorarollen heraus, die in dunkelblauen Samt mit silbernen Stickereien gehüllt waren, und trugen sie singend um ein breites Pult herum. Viele sangen mit, andere lasen laut aus schwarzen Büchern mir unverständliche Wörter und wiegten dabei ihre Oberkörper, zum Teil in heftigen Zuckungen, vor und zurück. Es war ein ständiges Gemurmel und ein Singsang, zwischendurch ertönte die laute Stimme des Kantors. Dann wurde wieder mit monotoner Stimme aus einer der Thorarollen gelesen. Andere Männer wurden aufgerufen, die nun in unterschiedlichen Stimmlagen vorlasen. Das Gesinge wurde immer wieder durch ein allgemein gemurmeltes „Amen" unterbrochen.

Einige wenige kleine Kinder liefen umher und spielten Fangen, lachend und stoßend rannten sie durch die Reihen der Erwachsenen. Die feierliche, mir fremde Atmosphäre, die vielen dunklen Gestalten in ihrem ungewöhnlichen Aufzug mit ihrer Singerei und dem ständigen Vor- und Zurückwiegen ihrer Oberkörper, das monotone Gemurmel der Betenden im mir unbekannten Hebräisch und vor allem das Wechseln der Vorleser am Altar, das alles machte mir Angst und erinnerte mich an den Tag meiner Einschulung. Zitternd stellte ich mir vor, dass man mich jeden Augenblick aufrufen und auffordern würde, unter den vielen ernsten und alten, bärtigen Männern nach vorn zu kommen und aus der Thorarolle zu lesen. Schweiß brach mir aus, ich begann, dem Weinen nahe, heftig an Kugels Arm zu zerren und zog ihn mit beiden Händen aus dem Gotteshaus.

– 7 –

Ostern 1937 stand der Schulwechsel an, und Papa wollte mich im Askanischen Gymnasium in Tempelhof anmelden. Ich freute mich sehr darüber, weil ich ganz scharf darauf war, bald die farbige Mütze der Oberstufenschüler tragen zu dürfen. Es war nicht weit; unsere Straße rechts rauf, den Kaiserkorso entlang bis zur Paradestraße, die rechts weiter bis zum Gymnasium führte; es war der gleiche Weg, den ich im Sommer früher mit Mama zum Planschbecken gelaufen war. Ich erinnerte mich noch gut daran, denn anders als die anderen Kinder ließ Mama mich nur barfuß, aber sonst in voller Kleidung am Beckenrand hin und her laufen, aus lauter Angst, ich könnte mir was Tödliches holen. Selbst wenn die Sonne unbarmherzig brannte und es unerträglich heiß wurde, krempelte sie höchstens meine kurze Hose, die mir sowieso zu lang war und über die Waden hing, ein-, zweimal um. Natürlich wurde ich von den anderen Kindern unbarmherzig ausgelacht.

Papas Bemühungen und meine Freude waren leider umsonst: Juden wurden nicht mehr an dieser Schule zugelassen. Da half auch Papas Auftreten als strammer „Arier" nicht. Es blieb nur eine Möglichkeit, eine höhere Schule besuchen zu können: Die Umschulung auf die jüdische Mittelschule in der Großen Hamburger Straße.

Zu Anfang war ich sehr traurig darüber. Die Mittelschule war kein Gymnasium, und bunte Schülermützen gab's auch nicht. Und mit dem kurzen Schulweg war es auch vorbei. Nun musste ich mit der Straßenbahn durch halb Berlin fahren, bis zum Hackeschen Markt.

Aber bald merkte ich, dass der Wechsel auch sein Gutes hatte. Freunde hatte ich in der Volksschule keine mehr gehabt. Georg Katz war nicht mehr da, er hatte mit seinen Eltern ganz kurzfristig nach Palästina auswandern können. Und „dreckiger Jude" rief mir hier niemand hinterher. Bei aller Mühe, die ich mir gab, ich konnte keine Unterschiede feststellen zwischen jüdischen Kindern, von denen ich bisher ja nur eines gekannt hatte, und den Mitschülern meiner alten Klasse. Auch die meisten Lehrer hatten die gleichen unangenehmen Manieren, wie ich schon sehr bald feststellen musste: Sie schimpften, schrien, gaben Katzenköpfe, ziepten an den Haaren und schlugen mit dem Lineal auf die Finger. Trotz manch fieser Lehrer fühlte ich mich bald wohl in der neuen Schule, auch wenn ich mich erst an das frühe Aufstehen, die elende Fahrerei und all die neuen Mitschüler gewöhnen musste.

Einen großen Vorteil erkannte ich sehr schnell: Hier machte es sich bezahlt, dass die Juden, wie mir schon Georg Katz und auch Kugel erklärt hatten, am Sonnabend Ruhetag hatten. Gott muss ihrer Meinung nach schon einen Tag früher zu schaffen begonnen haben, denn nach sechs Tagen Arbeit machte er am siebten Tag, dem Schabbat, Pause. So hatten wir im Gegensatz zur Volksschule nur fünf Tage in der Woche Unterricht. Sonnabend und Sonntag waren schulfrei.

Der Religionsunterricht in der neuen Schule interessierte mich überhaupt nicht. Da in dieses Fach auch das Erlernen der hebräischen Sprache gehörte, und zwar nur der Sprache der Bibel, schwänzte ich diese Stunden, sooft es ging. Das Ergebnis war stets ein Mangelhaft oder Ungenügend als Note. Aber auch meine neuen Freunde und viele andere aus der Klasse erfanden immer neue Ausreden, um nicht am Unterricht teilnehmen zu müssen.

Bald nach der Umschulung erwarb ich mir so etwas wie einen Glorienschein bei meinen neuen Schulkameraden. Unser Klassenlehrer, Herr Goß, bei dem wir auch Sport hatten, wählte mich gleich als Vorturner aus. Jede neue Übung musste ich der Klasse vormachen. Obwohl er nicht mehr der Jüngste war, vertraute ich ihm voll und ganz, wenn er mir dabei Hilfestellung leistete. Als er eines Vormittags von uns einen Hechtsprung über die Länge des Pferds verlangte, nahm ich einen gewaltigen Anlauf, federte mich mit aller Kraft vom Sprungbrett ab und flog mit gestreckten Armen weit über das Ende des Geräts hinaus. Goß, der mich mit seinen vorgehaltenen Armen auffangen wollte, hatte meinen Schwung erheblich unterschätzt. Ich schoss mit solcher Wucht auf ihn zu, dass ich ihn umriss und wir beide mit dumpfem Knall auf die graue, stumpfe Ledermatte klatschten. Allmählich rappelten wir uns aus der durch den Fall entstandenen Staubwolke wieder hoch. Der Applaus, der mir galt, und das Gelächter der zuschauenden Mitschüler wollten nicht enden. Beim Sturz hatte ich unserem Lehrer den Daumen seiner rechten Hand gebrochen, was uns aber wenig kratzte. Denn so fiel das Diktat, das nach der Turnstunde vorgesehen war, aus.

Den Ton in der Klasse gab Lanze an, Günther Landsberg, wie er mit vollem Namen hieß. Er war der Stärkste in der Klasse. Mit ihm schloss ich bald enge Freundschaft. Außerdem mit Harry, einem schwarzhaarigen, dünnen, schlaksigen Jungen, den wir nur Pius nannten, und mit dem kleinen, zähen Arthur, kurz Atze. Vielleicht hatte der eine oder andere gehört, dass meine Mutter mich zu Hause manchmal Bubi nannte, jedenfalls hatte ich meinen Spitznamen schnell weg.

Meistens hockten wir vier auch nach dem Unterricht noch

zusammen. Wir beschlossen, eine Clique zu gründen, und nannten uns BUALAP, nach den Anfangsbuchstaben unserer Spitznamen.

Unser erster Streich sprach sich schnell herum: Im dritten Stock des alten Schulgebäudes hatten wir unseren großen Zeichensaal. In einem alten, wackligen Holzschrank standen im oberen Teil auf zwei Brettern jede Menge leere Konservendosen, die beim Tuschen als Wasserbehälter verwendet wurden. Wir schlichen uns nach Schulschluss in die dritte Etage, öffneten mit einem Dietrich die Tür des Schranks und schlugen mit einem Dorn ein kleines, unscheinbares Loch in jede Büchse.

Als wir am nächsten Vormittag im Kunstunterricht Aquarellmalen üben sollten und sich alle an der Wasserleitung bedient hatten, lief aus jeder Dose in weitem Bogen ein dünner Strahl Wasser heraus und verursachte eine große Schweinerei auf den Tischen, Gejohle bei den Schülern und Aufregung bei der Lehrerin.

Unsere immer etwas vergrämt ausschauende Zeichenlehrerin war oft das Ziel unserer gnadenlosen Attacken. Sie hatte ein zerfurchtes Gesicht und lief mit struppigen, ungepflegten Haaren herum. Es war nicht schwer, sie zu hysterischen Zornesausbrüchen hinzureißen. Sie hieß Elisabeth, und wenn sie besonders schlechte Laune hatte und diese an uns ausließ, dauerte es nicht lange, bis einer aus unserer Clique das Zeichen gab. Sofort begann die hintere Hälfte der Klasse laut zu singen: „Wenn die Elisabeth nich so schöne Beene hätt." Wutentbrannt und mit geballten Fäusten in der Luft drohend, lief die zornige Elisabeth nach hinten. Als sie etwa die Hälfte der Bankreihen passiert hatte, fing der vordere Teil laut zu singen an. Wir gaben keine Ruhe, sondern wurden durch ihre Toberei nur noch mehr angeheizt, lachten lauthals, bis sie schließlich aufgab, den Raum fluchtartig verließ und die Tür donnernd hinter sich zuknallte.

Auch Matzebäcker, so nannten wir unseren kleingewachsenen, zappligen Musiklehrer, hatte nichts zu lachen. Wenn wir absichtlich falsch sangen, wurde er manchmal so fuchsteufelswild, dass er auf das Podium sprang, seinen Schlüsselbund aus der Hosentasche zog und nach uns warf. Nur traf er nie.

Aus dem kleinen Vertrieb von Rabattreklame, für den meine Eltern oft von früh bis spät und auch ich nach der Schule an der Druckmaschine arbeiteten, war nicht viel zu erwirtschaften. Dennoch gingen Mama und Papa ab und zu ins Theater oder sahen sich die neuesten Filme in dem kleinen Kino in unserer Straße an. Ich durfte sonntags die Kindervorstellung am Nachmittag besuchen und sah mir die Abenteuer von Tom Mix, Buffalo Bill oder Karl-May-Filme an.

Viele meiner Klassenkameraden verließen mit ihren Eltern Deutschland. Freudestrahlend kamen sie in die Schule und berichteten, dass die Eltern endlich ein Affidavit von ihren Verwandten in den USA erhalten hatten und sie nun auswandern dürften. Andere erzählten von den erfolglosen Anträgen, die ihre Eltern gestellt hatten; wie sie von einem Konsulat zum anderen gelaufen waren, um diese Garantieerklärung zu erlangen. Peter Schmerz, ein großer, gut aussehender Junge und einer der Besten in unserer Klasse, verabschiedete sich in Begleitung seines eleganten Vaters zufrieden und glücklich von jedem von uns und von den Lehrern. Er würde mit seinen Eltern zunächst eine ausgedehnte Weltreise unternehmen, um am Ende der großen Fahrt für immer in Palästina zu bleiben, wo er in einem Kibbuz leben wollte. Er malte sich lebhaft aus, wie er auf einem Kamel reitend, mit einem Gewehr in der Hand, den Kibbuz bewachen und vor angreifenden Arabern schützen würde.

Kugel kam weiter zu uns und gab nun auch mir Nachhilfeunterricht in Hebräisch, allerdings mit wenig Erfolg. Daneben führte er seine Bibellektionen fort. Er hatte angekündigt, mir bei seinem nächsten Besuch die Geschichte der Makkabäer zu erzählen, aber dazu kam es nicht mehr. Ende Oktober 1938 wurde Kugel verhaftet und nach Polen abgeschoben, zusammen mit vielen anderen ehemals polnischen Juden. Wir hörten nie wieder etwas von ihm.

Einige Tage nach Kugels Verhaftung fuhr ich wie an jedem Schultag mit der Straßenbahn vom Schlossplatz kommend die Königstraße entlang zum Hackeschen Markt. Plötzlich, ein paar hundert Meter vor dem roten Backsteinbau des Rathauses, verlangsamte die Bahn ihre Geschwindigkeit und fuhr im Schritttempo weiter. Auf der rechten Seite kam das lang gestreckte Gebäude des Kaufhauses Israel in Sicht, eines der größten und bekanntesten Warenhäuser Berlins. Wir gingen nur selten hier hin, wenn Mama mal etwas ganz Außergewöhnliches brauchte, ein besonders ausgefallenes Geschenk etwa.

Bei der langsamen Fahrt konnte ich gut erkennen, dass sämtliche Schaufensterscheiben zertrümmert waren. Die Dekorationen waren zerrissen, Stoffe und Kleidungsstücke lagen verstreut in den Schaufenstern oder hatten sich in den scharfen Kanten einiger noch in den Rahmen festsitzender Glasscherben verfangen und wehten im Wind. In Bergen von zerborstenem Glas lagen kaputte und entkleidete Schaufensterpuppen auf dem Straßenpflaster. Stoffballen in vielen Farben lagen teilweise entrollt auf dem Bürgersteig. Festliche Roben flatterten auf der Fahrbahn, über die die Autos in langsamem Tempo fuhren. Die zerberstenden Glassplitter knisterten unter ihren Rädern. Einige Fenster weiter waren Schuhe und Handtaschen geplündert worden. Leere Schuhkartons stapelten sich zu einem Berg und versperrten den Weg. Die Passanten benutzten die gegenüberliegende Straßenseite, um voranzukommen. Angestellte des Hauses waren bemüht, das Chaos auf der Straße zu beseitigen. Die Fahrgäste in der Elektrischen waren zum größten Teil still, einige schüttelten den Kopf.

Im Laufe des Tages erfuhr ich, dass in der Nacht überall die Synagogen zerstört und die jüdischen Geschäfte geplündert, die Inhaber aus ihren Läden gezerrt, durch die Straßen gehetzt, verprügelt und geschlagen worden waren. Es war der Morgen nach dem 9. November 1938.

Die Nazis verboten den Juden nun auch, Kinos und Theater zu besuchen, Wälder und Parks zu betreten. Mamas Angst vor größeren Schikanen verstärkte sich mit jeder Einschränkung, die den Juden auferlegt wurde.

Am 15. November wurden jüdische Kinder schließlich vom Besuch öffentlicher Schulen ausgeschlossen.

Die Klassen in unserer Schule waren durch die Auswanderungen kleiner geworden, Parallelklassen wurden zusammengelegt, nun auch die Mädchen und Jungenklassen. Es gab nur noch gemischte Klassen. Wir Jungen ignorierten die Mädchen lange Zeit. Keiner wollte dabei erwischt werden, wie er auch nur ein Wort mit den Mädchen sprach. Umgekehrt war es ähnlich. Während des Unterrichts setzten wir Jungen uns auf die eine Seite, die Mädels auf die andere.

Gelegentlich kam Abraham Pisarek, ein bekannter Berliner Fotograf, zu uns in die Schule, um die Klassen zu fotografieren. Damit wir Bilder bei ihm bestellen konnten, gab er uns seine Anschrift. Er wohnte gleich um die Ecke in der Oranienburger Straße. Ich hatte Lust aufs Fotografieren bekommen und wollte meine Filme gerne selber entwickeln können. So ging ich nach der Schule eines Nachmittags zu ihm und fragte, ob er mir nicht das Entwickeln von Filmen beibringen könnte.

„Kein Problem", sagte Pisarek lächelnd und begann aufzuzählen, was ich mir alles besorgen sollte: „Du brauchst eine Entwicklerdose, einen Kopierrahmen, ein Messglas, drei Schalen, eine Pinzette und einige Chemikalien. Wenn du alles beisammen hast, kommst du wieder, dann zeige ich dir, wie's gemacht wird." Pisarek führte mich noch in sein enges Badezimmer, das er als Dunkelkammer eingerichtet hatte. Über der Badewanne hingen Fotos an Wäscheklammern zum Trocknen. „So eine rote Lampe brauchst du auch und selbstverständlich Papier", sagte er, während ich meine Einkaufsliste vervollständigte.

Ich besorgte alles in einem Fotoladen und ging von da an jede Woche einmal zu Pisarek, um zu lernen. Zu Hause richtete ich mir im Bad, wo bald auch eine rote Lampe hing, mein Labor ein. Mit Papas Voigtländer ging ich freudig meinem neuen Hobby nach, knipste, entwickelte, kopierte und vergrößerte auch ab und zu bei Pisarek auf seinem Gerät. Er brachte mir viele Tricks für die Arbeit in der Dunkelkammer bei.

Auf unsere Schule gingen viele Mitglieder der zionistischen Jugendorganisation, und was ich von ihnen mitbekam, machte mich neugierig, und so trat ich auch in den Haschomer Hazair ein. Wir hatten unseren Treffpunkt im Raum eines Hauses im Tempelhofer Schulenburgring. Beim jüdischen Wohlfahrtsamt beantragte Mama für mich die obligatorische Montur, die aus einer kurzen, blauen Hose, einer blauen Kletterweste und einem blauen Halstuch bestand, dazu trug man ein weißes Hemd. An den Zeltlagern und Übernachtfahrten ließ Mama mich natürlich nicht teilnehmen, nur die Heimabende durfte ich besuchen. Wir sangen zionistische Lieder und tanzten die Horrah, indem wir einen Kreis formten und uns an den Schultern fassten.

Auf dem Boden hockend lauschten wir den Berichten von Besuchern, die aus Palästina gekommen waren, von der Urbarmachung der Wüste erzählten, dem Leben in den Kibbuzim, den Überfällen der Araber, der harten Arbeit der Pioniere.

Geleitet wurde unsere Gruppe von einem älteren Jungen aus einer der oberen Klassen. An den Wochenenden bekamen wir blaue Büchsen in die Hand gedrückt und sollten bei unseren Verwandten und Freunden für den KKL sammeln, das war eine jüdische Organisation, die für das Geld Bäume in Palästina kaufte.

Kaum hatte ich mit Stolz in der Brust die neuen blauen Klamotten ein-, zweimal angehabt, wurde die Organisation von den Nazis verboten.

Als meine Eltern von den Kindertransporten hörten, die nach England oder Holland gingen, begannen sie angesichts der stetig schwieriger werdenden Lage darüber nachzudenken. Aber ich wollte das auf keinen Fall, ich wollte unbedingt mit Mama und Papa zusammenbleiben, und so wurde diese Möglichkeit nie wieder ins Auge gefasst.

–8–

Vom Kriegsausbruch erfuhren wir aus dem Radio.

Nur wenige Wochen danach mussten Juden ihre Rundfunkgeräte bei den örtlichen Polizeistellen abliefern, kurz darauf kam die Ankündigung, dass Juden auch keine Telefonanschlüsse mehr besitzen dürften. Papa schüttelte nur den Kopf und sagte, das liefe alles auf seinen Namen, basta.

Die anfängliche Spannung und das Interesse am Fortgang des Krieges trat bald in den Hintergrund. Ich entdeckte etwas viel Aufregenderes: die Mädchen in unserer Klasse. Deren Nichtbeachtung, besonders in Gegenwart meiner männlichen Klassenkameraden, die angeblich Mädchen noch immer nicht ausstehen konnten, machte ich nicht mehr mit. Im Gegenteil, ich versuchte mit allen Tricks, mich einer von ihnen zu nähern, Esther, so hieß sie. Sie war dunkelhaarig, hatte braune Augen und eine Himmelfahrtsnase. Ich fand sie unvergleichlich schön.

Ich dackelte hinter ihr her, ich fuhr in derselben Bahn, kurz, ich suchte ihre Nähe. Aber meine Annäherungsversuche wurden offenbar nicht wahrgenommen, deshalb bat ich ihre beste Freundin um Vermittlung. Esther tat, als fiele sie aus allen Wolken, war dann aber doch überraschend leicht zu einem Ausflug mit mir zu überreden.

An einem noch frischen, aber sonnigen Frühjahrssonntag fuhr ich vormittags los nach Grünau. An der Endstation der S-Bahn wollten wir uns treffen. Ich war schon lange vor dem verabredeten Zeitpunkt da und wartete ungeduldig und mit Herzklopfen. Endlich kam sie, mit einem kleinen Korb Stullen am Arm, viel zu spät.

Schweigend liefen wir durch den Wald, bis endlich weit und breit keine Menschenseele mehr zu sehen und zu hören war. Am Rand einer Lichtung fanden wir ein schönes Plätzchen unter einer Buche. Ich breitete meine Decke auf dem feuchten Boden aus. Esther hatte auch eine Decke mitgebracht, die legte ich um uns beide, so konnte ich näher an sie heranrücken. Als ich vorsichtig meinen Arm um sie legte, zog sie die Decke über unsere Köpfe, sodass wir wie in einem dunklen Zelt hockten. Ich gab ihr zaghaft einen Kuss – es war das erste Mal, dass ich ein Mädchen küsste. Ich atmete schwer, mir war heiß und ungemütlich, unter den Achseln wurde mein Hemd feucht.

Aber ich hätte auch die Buche hinter uns küssen können, nichts von dem passierte, was ich mir vorher ausgemalt und erträumt hatte. Esther fühlte sich offenbar genauso unbehaglich wie ich. Sie warf die Decke wieder nach hinten und nahm aus ihrem Korb die Stullen heraus.

Wir aßen alles auf, was sie mitgebracht hatte, und redeten kein einziges Wort mehr. Als dunkle Wolken am Himmel aufzogen, war ich geradezu erleichtert und drängte zum Aufbruch.

Der Ausflug war ein einziger großer Reinfall gewesen.

Am nächsten Morgen sah ich Esther wie immer vor mir her zur Schule gehen, aber sie lief langsamer als sonst. Ich hatte sie schon eingeholt, bevor sie in die Große Hamburger Straße einbog, sonst war das fast immer erst im Schulgebäude der Fall. Sie lächelte mich an, erwähnte aber mit keinem Wort den gestrigen Tag. Als ich eine grünliche Rotzglocke an einem ihrer Nasenlöcher bemerkte, gab mir das den Rest. Ich war schlagartig so ernüchtert, dass mein Bedarf an Mädchen vorerst gedeckt war.

Nach der Enttäuschung mit Esther war ich viel mit Carlchen Grunwald zusammen. Er verkaufte mir für fünf Mark das alte, halb verrostete und fast schrottreife Fahrrad seines älteren Bruders Fritz, der schon vor Monaten nach Amerika ausgewandert war. Ich putzte, schmirgelte, schmierte, ölte viele Stunden an dem klapprigen Rad, tauschte den Gesundheitslenker gegen einen Rennlenker aus, montierte Scheinwerfer und Dynamo, bis es endlich so weit war und ich stolzer Besitzer eines funktionstüchtigen Fahrrades war. Ich fuhr gern damit, auch zur Schule.

Carlchen wohnte mit seinen Eltern in der Burgherrenstraße in Tempelhof, nicht weit von uns. Sein Vater saß meistens im Wohnzimmer, mit einer Lupe in der Hand über seine Briefmarken gebeugt, die er in verschiedene Alben sortierte. Ab und zu zeigte er mir seine neuesten Errungenschaften und erklärte mir stolz, was die eine oder andere Marke für einen Wert hatte. Sein Holzbein stand immer in der Nähe. Er hatte im Weltkrieg an der Westfront sein rechtes Bein verloren und war daher der Ansicht, dass die Nazis ihm deshalb nichts tun würden.

Mit Carlchen fuhr ich oft bei Einbruch der Dunkelheit die Dungwege entlang, schmale Pfade zwischen den Gärten hinter den schmucken Einfamilienhäusern der ruhigen, gepflegten Siedlungen rund um den Paradeplatz. Wir griffen vom Rad über die Zäune und klauten Obst von den Bäumen oder rissen durch den Maschendraht Bollpiepen, Gemüsezwiebeln, raus oder was sonst noch an Essbarem greifbar war.

Carlchen hatte einen echt ledernen Fußball mit einer Gummiblase im Inneren, mit dem wir in der ruhigen Burgherrenstraße, durch die kaum ein Auto fuhr, spielten. Manchmal machten wir uns einen Spaß daraus, die Hausbewohner in dem mit dicken Teppichen ausgelegten Treppenhaus zu beobachten und ihnen den Fahrstuhl vor der Nase wegzuschnappen. Und wenn es im Sommer zu heiß wurde, fuhren wir mit der S-Bahn zum Bahnhof Nikolassee und liefen von dort zum Strandbad Wannsee, um uns abzukühlen, obwohl das Strandbad ebenso wie die Parks schon längst für uns verboten war.

Wir rauchten auch öfter heimlich Zigaretten. Eigentlich schmeckte es uns überhaupt nicht, wir husteten und krächzten, uns wurde kotzübel und wir bekamen Durchfall. Aber wir versuchten es immer wieder, die Erwachsenen konnten es ja schließlich, also musste man sich doch daran gewöhnen können. Wir verfielen auf die seltsamsten Methoden und kauften beim Krämer weiße Tonpfeifen, gefüllt mit Liebesperlen, stopften sie mit Tabak und rauchten daraus, aber auch das war kein Spaß.

Nach den Osterferien begann am 1. April 1940 das Sommerhalbjahr. Ich war mit mäßigen Noten versetzt worden. An diesem ersten Tag kam eine neue Schülerin in unsere Klasse, Helga. Sie war nicht neu auf unserer Schule, auch nicht sitzen geblieben, nein, sie durfte aufgrund ihrer hervorragenden Leistungen eine Klasse überspringen. Ihre Arbeit über den „Zauberberg" von Thomas Mann war so hervorragend, dass sie den oberen Klassen als Pflichtlektüre vorgeschrieben wurde. Helga fiel einem sofort auf, nicht durch besondere Schönheit, Helga hatte eine Glatze. Feiner, dünner Flaum begann sich gerade auf ihrem Schädel auszubreiten, als ich sie das erste Mal sah. Später erzählte sie mir, dass eine Hautkrankheit den radikalen Haarschnitt nötig gemacht hatte.

Das Desaster meiner ersten Liebe war längst vergessen, da erwischte es mich von Neuem, aber in einem völlig anderen Ausmaß. Nicht, dass ich eine besondere Vorliebe für Glatzen gehabt hätte, aber Helga übte vom ersten Tag an eine nicht gekannte, umwerfende Wirkung auf mich aus. Ihr strahlendes Lachen, ihre sympathische Ausstrahlung, ihre Natürlichkeit, ihre Intelligenz und nicht zuletzt ihre im Vergleich zu den meisten Mädchen unserer Klasse voll entwickelte weibliche Figur riefen bei mir sofort eine starke Zuneigung hervor.

Kurz vor meinem 14. Geburtstag klaute ich aus Papas Steintopf Tabak – ein neuer Versuch, mich der Kunst des Rauchens zu nähern. Aber auch der war keine Offenbarung. Papa musste es gemerkt haben, denn an meinem Geburtstag bekam ich von ihm feierlich ein Päckchen Zigaretten – es war eine teure Sorte – überreicht. „Du brauchst nicht heimlich zu rauchen", sagte er lächelnd, „wenn es dir schmeckt." Das es das ganz und gar nicht tat, wagte ich nicht einzugestehen. Aber dass mein Vater mir zum Geburtstag Zigaretten schenkte, machte mich mächtig stolz, und ich machte auf meine Freunde damit mehr Eindruck als mit dem Rauchen selbst.

Atze kam eines Tages nicht mehr zur Schule, er konnte noch Hals über Kopf mit seinen Eltern Deutschland verlassen. BUALAP löste sich auf. Uns stand nicht mehr der Sinn nach Streichen.

Lanze, noch immer mein bester Freund, hatte sich mit Margot, einem hübschen, dunkelhaarigen Mädchen aus unserer Klasse, angefreundet.

Ich versuchte, sooft wie möglich mit Helga zusammen zu sein, und spürte schon bald, dass ihr meine Sympathie nicht verborgen geblieben war und dass sie mich auch mochte. Ich musste mich mächtig zurückhalten, um ihr nicht zu nahe zu kommen. Fast täglich begleitete ich sie nach der Schule nach Hause. Mein Fahrrad schob ich neben uns her. Es war ein ganzes Stück zu gehen, erst bis zum Alex, dann die Landsberger Straße bis zur Kleinen Frankfurter. Hier wohnte Helga mit ihrer Mutter im dritten Stock eines heruntergekommenen, hässlichen, grauen Hinterhauses, in dem es immer nach Kohl stank.

Ein so baufälliges Haus und eine so ärmliche Wohnung hatte ich vorher noch nie gesehen. Rechts von dem dunklen Vorraum, den man nach Öffnung der Wohnungstür betrat, ging eine Tür ab, hinter der Tür, auch auf der rechten Seite, war das Schlafzimmer, in dem Helga und ihre Mutter schliefen. Links wohnte ein uralter, gebeugter, kranker Mann, den ich nur einmal sah, wie er sich auf einen Stock gestützt langsam aus seinem Zimmer bewegte. Die Tür rechts führte auf einen zum Hof offenen Gang, eine Art Laubengang, der am Schlafzimmerfenster vorbeiführte und in einem kleinen Lokus endete. Ein Bad gab es nicht. Von dem offenen Gang erreichte man links eine klitzekleine Küche, die neben dem Herd und einer Wasserleitung mit einem grauen Spülstein nur noch Platz für einen kleinen Tisch mit zwei Stühlen bot.

Helgas Mutter war eine einfache, freundliche und fromme Frau, die den Lebensunterhalt für sich und ihre Tochter als Putzfrau bei fremden Leuten verdiente. Es verging kein Feiertag, an dem sie nicht in die Synagoge ging.

Die meisten meiner Freunde wohnten auch in dieser Gegend. Ein etwas älterer Junge aus unserer Klasse, der sitzen geblieben war, lebte mit seinem Großvater ganz in Helgas Nähe. Hotte hatte eine Menge amerikanischer Platten, fast nur Jazz. Er hatte lange, glänzende, bis über den Kragen hängende, mit Pomade eingefettete Haare und das Gesicht voller gelber Pickel. Er summte ständig neue Schlager, schnalzte dabei mit Daumen und Zeigefingern, wackelte mit dem Kopf hin und her und wippte mit den Füßen im Takt. Manchmal steppte er sogar einige Takte. Kurz, er war ein richtiger Tangobubi.

Wir trafen uns oft bei Hotte, Lanze mit seiner Freundin, Helga und ich und noch andere Pärchen, die sich inzwischen zusammengefunden hatten. Natürlich war es klasse, ungestört rauchen zu können – inzwischen war ich nicht mehr der Einzige – und zu schwofen, wie wir Lust hatten. Vor allem aber kamen wir, um „Hänschen piepe mal" zu spielen. Natürlich endete dieses Pfänderspiel in der prickelnden, knisternden und durch Zigaretten verqualmten Atmosphäre immer völlig harmlos, aber man kam sich doch ziemlich nahe, und darauf hatten wir es schließlich ja auch abgesehen.

Als ich Helga einmal am frühen Abend nach so einem Besuch bei Hotte nach Hause brachte und wir uns im Hausflur verabschiedeten, konnten wir uns nicht mehr beherrschen. Wir umarmten uns, fest und leidenschaftlich, und küssten uns heiß und ausdauernd.

Im Sommer 1940 wurde in unserer Schule in der Großen Hamburger Straße ein Lazarett eingerichtet, und wir wurden in die Lindenstraße verlegt. Wir bezogen Räume in dem Vorderhaus der ehemaligen Synagoge.

Ich fuhr wieder öfter mit der Straßenbahn oder der U-Bahn zur Schule, weil ich nach dem Unterricht noch mit zu Helga fuhr. Dort konnten wir ungestört zusammen sein. Wir küssten, drückten, kneteten und bissen uns. Mehr nicht.

−9−

Alle Gesetze, die die Nazis erlassen hatten, um die Juden zu erniedrigen und auszugrenzen, trafen mich nicht so sehr wie die Verordnung, die im September 1941 in Kraft trat. Alle Juden, die älter als sechs Jahre waren, mussten auf der linken Brust gut sichtbar den gelben Stern tragen.

Nun war es kaum noch möglich, Verbote einfach zu ignorieren.

Meine Mutter war vom Tragen des Sterns ausgenommen, sie lebte ja mit Papa in so genannter „privilegierter Mischehe". Es entstand die irrwitzige Situation, dass ich der einzige „Sternträger" in unserer Familie war.

Mama hatte größte Angst um uns, trotzdem unternahmen Carlchen und ich schon an einem der ersten Tage, nachdem der Stern eingeführt worden war, nachmittags gemeinsam einen ausgedehnten Spaziergang in Richtung Stadtzentrum. Die handtellergroße, auf gelben Stoff gedruckte Dekoration wurde vorschriftsmäßig von unseren Müttern auf Pappe geheftet und auf unsere Jacken genäht. Es war uns beiden nicht geheuer zumute, der Stern auf der linken Brust war nicht zu übersehen, aber wir waren neugierig, wie die Leute auf der Straße darauf reagieren würden.

Wir liefen die Belle-Alliance-Straße hinunter bis zum Halleschen Tor, gingen um den Platz, marschierten die Lindenstraße entlang bis zum Spittelmarkt, liefen dann die Leipziger Straße nach Westen bis zur Friedrichstraße, die runter und wieder zurück bis zur Belle-Alliance-Straße.

Es passierte eigentlich gar nichts. Die meisten Menschen beachteten uns überhaupt nicht, einige glotzten uns blöd an, als vermissten sie Hörner an unseren Köpfen oder als wunderten sie sich, dass wir keine Schläfenlocken hatten wie die Juden aus dem „Stürmer", andere schüttelten unauffällig missbilligend den Kopf.

Ich gewöhnte mich schnell an den Stern. Ich trennte ihn nie ab und verdeckte ihn auch nicht. Carlchen versuchte mehrmals, mich zu überreden, doch mit ihm in einen anderen Bezirk, vielleicht nach Moabit oder Reinickendorf, zu fahren, dort den Stern abzutrennen oder eine Tasche darüber zu halten, um mal wieder ins Kino gehen zu können.

„Können wir nicht machen", versuchte ich ihm zu erklären, „denk doch an die Nazis in unserem Haus. Lass die mal zufällig in Reinickendorf oder sonst wo sein, was passiert, wenn die uns sehen, weißt du ja!"

Einige der Mieter aus unserem Haus würden uns sofort bei der Gestapo melden, sobald wir ihnen auch nur den leisesten Anlass dafür liefern würden. Die vier schwarz gekleideten Jungfern unten im Hochparterre hassten uns wie die Pest. Selbst wenn niemand dabei war, grüßten sie sich nur mit „Heil Hitler", und sie ließen keine Gelegenheit aus, laut aus dem „Stürmer" zu zitieren, wenn sie Mama oder mich kommen sahen. In ihren Fenstern zur Straße hatten sie neben Hakenkreuzfahnen auch Hitlerbilder hängen.

Andere Mieter knallten ihre Wohnungstür demonstrativ zu, wenn wir zufällig zur gleichen Zeit aus der Tür gingen, oder sie grüßten lauthals mit ausgestrecktem Arm „Heil Hitler". Der unangenehme Kerl, der mit seiner beleibten Schnepfe auf der dritten Etage uns gegenüber wohnte, war früher stets bis nach oben hinter Mama hergestiefelt, hatte ihr unter den Rock geschielt und dabei Stielaugen bekommen. Seit einiger Zeit ließ er sich nur noch in brauner Uniform sehen und machte sich auf der Treppe so breit, dass ich mich ganz eng an die Wand quetschen musste, um ihn vorbeizulassen. Seine tratschsüchtige Frau stand oft mit anderen Hausbewohnerinnen im Hochparterre auf den Stufen, kicherte, tuschelte und steckte mit ihnen die Köpfe zusammen, wenn wir uns näherten. Ich versuchte nie, den Stern auch nur zu verdecken.

In der U-Bahn lehnte ich für gewöhnlich an der Trennwand neben der Tür. Es kam jetzt häufiger vor, dass mir jemand im Gedränge der aussteigenden Fahrgäste, bevor er eilig den Zug verließ, eingewickelte Butterbrote oder ein angebrochenes Päckchen Zigaretten unauffällig zusteckte. Über solche Zeichen des Mitgefühls oder auch Protests freute ich mich ungeheuer.

„Schnell, steck weg", flüsterte mir einmal ein Mann mit einem zerfurchten, unrasierten Gesicht, abgetragenem Anzug und Schiebermütze zu, sah sich vorsichtig auf der hinteren leeren Plattform der Straßenbahn um, trat dicht an mich heran, öffnete eine abgewetzte Aktentasche und hielt mir eine braune Tüte hin, bevor er umständlich die zwei Stufen an der Haltestelle hinabstieg. Es war ein Stullenpaket.

„Kopp hoch, Kleener, det jeht ooch zu Ende", sagte ein anderes Mal eine alte, grauhaarige Frau mit einem vollen Einkaufsnetz an der Haltestelle zu mir, als wir beide allein auf die Straßenbahn warteten. Mir war unbehaglich zumute. Ich trat von einem Bein aufs andere und wusste nicht, was ich ihr antworten sollte.

Ähnliche Sätze hörte ich öfter, wenn Leute neben mir standen und sich nicht beobachtet fühlten. Die meisten Männer, die mir durch Zustecken von Kleinigkeiten ihren Widerwillen gegen die Nazis bezeugten, waren an ihrer ausgebeulten, ölverschmierten Kleidung, am Blauen Anton, an ihren Schirmmützen und auch an ihren schwieligen, rissigen Händen als Arbeiter zu erkennen.

Wenn dagegen mehrere Jungen in HJ-Uniform in meiner Nähe waren, konnte ich damit rechnen, dass sie mir auf die Füße traten, sich die Nase zuhielten, als ob ich einen unerträglichen Gestank ausströmte, über mich Witze machten oder mich anrempelten.

Mama wurde immer magerer, tiefe Falten gruben sich in ihr Gesicht, sie verfiel zusehends. Ihr Haar wurde stumpf und grau, ständig hatte sie ein nervöses Kratzen im Hals, ihre Herzbeschwerden nahmen zu, ihre Strenge schwand. Papa beruhigte sie unentwegt, versuchte, ihr die Angst zu nehmen, redete ihr ein, dass wir durch ihn sicher seien.

Ich verließ mich völlig darauf, wenn Papa sagte, dass mir nichts passieren würde.

Der Unterricht in der Schule ging so normal wie möglich vonstatten, auch wenn alle paar Tage in unserer Klasse wieder einer oder sogar mehrere fehlten. Wir wussten, man hatte sie in der Nacht abgeholt. Auswanderungen waren seit Oktober 1941 nicht mehr erlaubt. Es hieß, die Juden würden in den Osten transportiert und kämen in Arbeitslager. Damit konnten wir uns abfinden. Arbeiten konnten wir ja, und wenn wir fleißig waren, würden wir die Zeit schon hinter uns bringen.

Aber wir hörten bald auch von Erschießungen, von schaurigen Dingen: Die Menschen würden wie Vieh auf Lastwagen geladen und schon auf den Transporten sterben, verdursten, müssten vor dem Erschießen selbst ihre Gräber schaufeln oder würden in den Lagern verhungern.

Wir konnten, wollten uns so etwas nicht vorstellen und taten diese Geschichten kopfschüttelnd als Gerüchte ab. Auch die Lehrer winkten ab und ließen sich nicht auf Fragen ein.

Wenn die Gerüchte wieder mal kein Ende nehmen wollten, erzählte Herr Goß, statt Unterricht zu erteilen, Geschichten, die uns bei guter Laune halten sollten. Hersch Ostropoler war eine Art jüdischer Till Eulenspiegel. In einer der Geschichten verkaufte er den einfältigen polnischen Bauern seiner Heimat Kügelchen, welche die Flöhe unschädlich machen sollten. Bei seinem nächsten Besuch schimpften die Bauern, dass er sie übers Ohr gehauen habe, da die Kügelchen nichts bewirkt hätten. „Ja, ihr müsst die Flöhe", erklärte Hersch Ostropoler, „wenn ihr sie gefangen habt, mit zwei Fingern eurer linken Hand so halten, dass ihr sie leicht mit der rechten am Bauch kitzeln könnt. Wenn sie dann ihren Mund öffnen, müsst ihr geschwind das Kügelchen in ihren Rachen werfen. Ihr werdet sehen, wie schnell ihr eure Flöhe los seid." Die Bauern waren zufrieden und ließen den Schlawiner ziehen.

Herzhaftes Lachen darüber war uns nicht mehr möglich.

Auf dem Hof der Synagoge spielten wir in den Pausen Fußball, dösten in der Sonne, machten blöde Witze oder alberten herum. Bei schönem Wetter wurde unser Zeichenunterricht draußen abgehalten. Jeder versuchte, die Laune so gut wie möglich zu halten.

Im November wurde angeordnet, dass Juden neben Schreibmaschinen, Fotoapparaten und Ferngläsern auch ihre Fahrräder abzuliefern hätten. Diese Anordnung bezogen wir nicht auf uns, da die Geräte ja Papa gehören konnten. Viele meiner Freunde mussten ihre Geräte aber abgeben, und so machte ich für sie Aufnahmen, entwickelte die Filme und gab ihnen die Bilder. Aber mit dem Radfahren war es vorbei, und ich kam nun nicht umhin, öffentliche Verkehrsmittel zu benutzen.

„He, Itzig, was ist das für eine Kluft, die du da anhast?", schnauzte mich im Frühling 1942, als ich von Helga nach Hause fuhr, auf dem Bahnsteig im U-Bahnhof Alexanderplatz ein Kerl von hinten an. Er fasste mich an der Schulter und riss mich herum. Er trug ein graues Jackett mit einem Parteiabzeichen am Revers, Reithosen mit Stiefeln und einen Schlapphut auf dem blonden Kugelkopf. Ehe ich mich versah, griff er vorn mein Hemd und schüttelte mich heftig hin und her. Ich bekam große Angst und spürte sofort, dass ihm meine Aufmachung nicht gefiel: die kurze, schwarze Hose, der breite, schwarze Ledergürtel mit dem blanken, glatten Koppelschloss, dazu ein weißes Hemd und weiße Strümpfe.

„Wieso Kluft?", fragte ich mit zugeschnürter Kehle, sah ihm in die Augen, so treuherzig wie möglich, und guckte erstaunt an mir herunter. „Das ist doch 'ne ganz normale Hose und ein gewöhnliches Hemd." Ich zuckte verständnislos mit den Schultern, schwebte aber in tausend Ängsten.

„Du machst wohl Witze, was? Wenn ich dich noch einmal in dieser Aufmachung sehe, erlebste dein blaues Wunder. Hast du das verstanden?" Er sah mich abschätzig aus seinen wasserblauen Augen an. Ich nickte stumm und blickte in sein angewidertes Gesicht. Er zog mich mit seiner Linken dicht an sich heran, fuchtelte drohend mit dem Zeigefinger seiner Rechten vor meinem Gesicht herum, hielt dann einen Moment inne, gab mir einen kräftigen Stoß vor die Brust, sodass ich nach hinten taumelte und erst nach einigen Stolperschritten zum Stehen kam. Mir fiel ein Stein vom Herzen, als er sich umdrehte und abzog. Ein Wunder, dass nichts weiter passiert war! Von nun an trug ich nichts mehr, was auch nur im Entferntesten nach Uniform aussah.

Es verging kaum ein Tag, an dem ich nach der Schule nicht noch mit zu Helga ging, trotz der umständlichen Fahrerei. Wir verbrachten Stunden in ihrem Zimmer, schmusten und küssten uns.

Als an einem Vormittag einige Unterrichtsstunden ausfielen,

waren wir schon früh bei ihr in der Wohnung. Helgas Mutter war nicht zu Hause, und es war auch nicht damit zu rechnen, dass sie bald heimkommen würde. Nur der alte, kranke Mann rumorte nebenan in seinem Zimmer. Wir setzten uns auf Helgas Bett und umarmten uns.

Plötzlich wand sie sich los, stand auf, zog ihre Bluse aus, öffnete ihren Büstenhalter, ließ ihren Rock fallen und stieg aus ihrem Schlüpfer. Nie zuvor hatte ich ein Mädchen nackt gesehen, doch nun konnte ich Helgas warmen, lebendigen Körper fühlen, ich konnte ihn streicheln, küssen, riechen. Ich war selig.

Wir wollten beide mehr, aber keiner von uns hatte eine Ahnung, wie wir die Folgen hätten verhüten können. Weder Helgas Mutter noch meine Eltern noch irgendein Lehrer hatte uns jemals auch nur ein Sterbenswörtchen darüber gesagt. In der Schule hatte mal der eine oder andere ein dickes Buch mitgebracht, ein Gesundheitslexikon oder etwas Ähnliches, über das wir uns in der Pause drängten. Wir kicherten, blödelten und lasen unverständliche medizinische Artikel oder klappten die farbigen, zusammenlegbaren männlichen und weiblichen „Körper" am Ende des Buches auseinander und betrachteten die einzelnen Organe. Wir verstanden vieles nicht, trauten uns aber auch nicht, die Lehrer zu fragen. Das war absolut tabu.

Als wir das nächste Mal allein waren, zogen wir uns beide spontan aus und legten uns splitternackt auf Helgas Bett. Ich legte mich auf den Rücken, verschränkte die Arme hinter dem Kopf und starrte an die Decke. Ich wusste nicht, was ich sagen sollte, geschweige denn tun. Helga rutschte tiefer, beugte sich über mich, streichelte mich und flüsterte zärtlich: „Mein Schmubichen." Das Wort hatte ich noch nie zuvor gehört. Vielleicht, ging es mir durch den Kopf, war es die Zusammensetzung der Wörter ‚Schmock' – ich wusste, das war Jiddisch für Pimmel – und Bubichen, von Bubi, wie ich immer noch genannt wurde. Ich bemühte mich, meine Erektion zu unterdrücken, vergeblich. Es war mir ungeheuer peinlich. Abrupt drehte ich mich zur Seite, stand auf und zog mich wieder an. Ich musste plötzlich ganz eilig nach Hause. Wir sprachen nie wieder über diesen Vormittag.

Kurze Zeit später kam ich am Nachmittag von der Schule nach Hause und fand unser Wohnzimmer völlig verändert vor.

„Wo kommen denn plötzlich die seltsamen Möbel her?" Ich sah Papa fragend an. „Das sieht hier ja aus wie in einem Schloss!" Zwei große, niedrige, viereckige Sessel und ein dazugehöriges breites, rechteckiges Sofa standen in unserer großen Stube vor einem an der Wand hängenden, dazu passenden Gobelin. Der goldgrundige Bezugsstoff der Sitzmöbel war mit helleren Ornamenten bestickt. Der obere Abschluss war aus mit Schnitzereien verziertem, gold gestrichenem Holz, ebenso wie die beiden senkrechten vorderen Einfassungen der Seitenwände. Die Möbel sahen lächerlich unpassend in ihrer neuen Umgebung aus. Ich fläzte mich in einem der Sessel auf die niedrige Sitzfläche und verschwand fast in dem großen, kastenförmigen Fauteuil.

„Das sind wertvolle Stücke, Antiquitäten, Louis-XIV-Möbel", erklärte mir Papa, der mit herabhängenden Schultern dastand, während Mama bedrückt in ihr Teeglas starrte.

„Die haben uns Salomons herbringen lassen. Salomons haben Angst, dass man sie bald abholen wird. Wir sollen die kostbaren Teile für sie aufbewahren." Salomons waren Bekannte meiner Eltern, noch aus der Zeit, als Herr Salomon und Papa für die gleiche Firma gearbeitet hatten.

Salomons wurden tatsächlich bald darauf deportiert.

Wir gewöhnten uns an die Möbel und benutzten sie, als hätten sie schon immer dort gestanden.

Knapp ein halbes Jahr, nachdem ich nicht mehr mit dem Rad fahren durfte, wurde es Juden auch verboten, öffentliche Verkehrsmittel zu benutzen. Nun musste ich täglich zur Schule laufen. Da die Wegstrecke leider nicht mehr als fünf Kilometer betrug, kam auch keine Ausnahme in Frage; ich durfte keinen Antrag auf Fahrerlaubnis stellen. Ich wollte aber natürlich nicht darauf verzichten, mit Helga zusammen zu sein. Alle paar Tage liefen wir nach dem Unterricht von der Lindenstraße zu ihr, und am Abend machte ich mich allein auf den stundenlangen Weg zurück nach Hause. Manchmal kam Helga auch mit zu mir, übernachtete bei uns, und am nächsten Morgen gingen wir zusammen zur Schule.

Aber meine wenigen Freunde, die noch da waren, konnte ich nun nicht mehr besuchen. Lanze wohnte im Wedding in der Turiner Straße, noch immer dort, wo seine Eltern früher mal einen kleinen Betrieb hatten und Bademäntel anfertigten. Die Entfernung war einfach zu groß.

Unsere Klasse wurde schnell kleiner, und auch die Lehrer wurden von Tag zu Tag weniger. Die Geschichten wurden immer besorgniserregender; Menschen, so hörte man, wurden in Synagogen eingesperrt und bei lebendigem Leib verbrannt, die Aufseher in den Lagern würden Juden quälen, und wer bei der Arbeit zusammenbrach, würde von der SS erschlagen.

Wir konnten das immer noch nicht glauben. Denn warum sollte man Menschen umbringen, wenn sie doch arbeiten und von Nutzen sein konnten! Die meisten von uns waren überzeugt, dass das alles übertrieben war und dass man in den Arbeitslagern zwar schwer schuften musste, das aber zu überstehen war. Nach wie vor vertraute ich unerschütterlich auf Papa, der nicht aufhörte, uns zu versichern, dass er helfen könne, wenn es nötig würde.

Ende Juni 1942 wurde es Juden verboten, eine Schule zu besuchen. Die jüdische Schule wurde geschlossen. Ich wurde dienstverpflichtet und musste auf dem jüdischen Friedhof in Weißensee arbeiten. Damit hatte ich Glück, denn die Entfernung war so weit, dass ich eine gelbe Fahrerlaubnis bekam. Die durfte ich allerdings nur zur Arbeit und ausschließlich zwischen Friedhof und Wohnung benutzen, und ich musste wie jeder andere Fahrgeld für die Straßenbahn bezahlen.

Einem älteren Schaffner, der trotz der Enge in dem überfüllten Wagen allen Fahrgästen einen Fahrschein verkaufte und sich bis zur hinteren Plattform durchzwängte, hielt ich mit einer Hand den gelben Ausweis und mit der anderen die zwei Groschen hin. Er sah schon zum wiederholten Mal über mich hinweg, fertigte die Neuzugestiegenen ab, rief die Haltestellen aus und zog an dem Lederband, um zu klingeln, damit der Fahrer vorn seine Kurbel bedienen und die Fahrt fortsetzen konnte. Über die Hälfte der Strecke hatte ich schon hinter mir und immer noch das Geld in der Hand. Die meisten Fahrgäste auf der Plattform waren inzwischen abgestiegen, neue waren dazugekommen, wurden sofort abgefertigt, nur ich hatte immer noch keinen Fahrschein. Plötzlich kam der Schaffner dicht an mich heran, sah mich augenzwinkernd an und brummte leise: „Ick hab doch den Ausweis jesehen. Det reicht ma. Steck det Jeld ein."

Als er nach einiger Zeit wieder zurückkam, hielt er ein in Pergamentpapier eingewickeltes Stullenpaket in der Hand, beugte sich herab, reichte es mir und sagte barsch: „Hier, pass besser auf deine

Sachen uff. Det haste vorn liegen lassen." Leise bedankte ich mich. Trotz der ungewohnten und schweren Arbeit stieg ich oft nach Feierabend am Alexanderplatz aus, um Helga zu besuchen, die tagsüber in einer Rüstungsfabrik schuften musste.

Es waren neun, zehn Jungen und Mädchen, die mit mir auf dem Friedhof arbeiteten, alles Schülerinnen und Schüler aus niedrigeren Klassen meiner Schule. Wir mussten alle Arbeiten, die auf einem Friedhof anfielen, verrichten. Neben der Grabpflege, Gartenarbeit und dem Ausheben von Gräbern mussten wir auch die Leichen waschen und abtrocknen.

In den Pausen hatten wir aber manchmal auch etwas zum Lachen. Es gab ein kleines Auto auf dem Gelände, auf das wir kletterten und mit dem der Älteste von uns täglich einige Runden drehte, wenn wir nicht von den Arbeitern beobachtet wurden. Auch mit dem Ackergaul, der den Leichenwagen zog, hatten wir unseren Spaß. Bei jedem Versuch, auf ihm zu reiten, brachen wir in schallendes Lachen aus, so komisch sah das aus. Sein Rücken war so breit, dass wir uns nur schwer darauf halten konnten, wir mussten die Beine fast bis zum Spagat grätschen.

In einer kleinen Holzhütte mit einem Kanonenofen konnten wir uns im Winter aufwärmen. Wenn der Ofen richtig bollerte und das Wasser im Kessel für den Muckefuck kochte, war es ganz gemütlich. Jeder brachte etwas zu essen mit, das wir unter uns aufteilten. Dicht neben dem Häuschen war ein Drahtzaun, hinter dem lag ein offenes Feld. An diesem Zaun sahen wir täglich russische Gefangene in zerrissenen Militärmänteln vorbeilaufen, einige trugen Fußlappen und Holzpantinen. Wir fühlten uns eng mit den Russen verbunden, sie hatten es auch noch viel schlimmer als wir. Unauffällig schoben wir ihnen gekochte Kartoffeln durch die Maschen des Zauns und freuten uns riesig, wenn sie am nächsten Tag weg waren.

II

Abgetaucht

–10–

Es war eiskalt, und der Himmel war voller Wolken, als ich mich am 27. Januar 1943 frühmorgens auf den Weg zum Friedhof machte. Ich wartete nicht weit von unserem Haus auf die Straßenbahn, als plötzlich aus der Menge der Wartenden ein großer Mann auf mich zukam und mich beiseite drängte. Ich erkannte an der Aufmachung – Ledermantel und Schlapphut –, dass es sich um einen Gestapobeamten handeln musste. Er zog seinen rechten Handschuh aus, riss kräftig an der unteren Spitze meines fest angenähten gelben Sterns, trennte ihn zur Hälfte von meiner Jacke und brüllte mich an: „Du stinkender Judenbengel hast deinen Stern nicht richtig angenäht!" Ich zitterte am ganzen Leib, als er sich hämisch grinsend meine Papiere zeigen ließ und sich Namen und Anschrift notierte.

„Los, verschwinde, näh den Stern an, wie es sich gehört, sonst gnade dir Gott, verdammte Judensau ..."

Ich rannte so schnell ich konnte zurück nach Hause. Meine Mutter nähte unter Tränen und mit zitternden Händen, ständig die Nase hochziehend, den Stern wieder an.

Papa reagierte im Gegensatz zu Mama ganz gelassen und sagte mir in aller Ruhe, dass er abends an der Haltestelle auf mich warten würde, um mich wegzubringen: „Es ist zu gefährlich, wenn du jetzt zu Hause bleibst. Und erzähl niemandem, was passiert ist!"

Als ich am Abend aus der verdunkelten Straßenbahn stieg, wartete Papa schon auf mich, gab mir ein mit Wäsche und anderen Kleidungsstücken prall gefülltes Einkaufsnetz in die Hand und schob mich vor sich her über die verkehrsreiche, abgedunkelte Kreuzung.

Nach zehn Minuten hatten wir unser Ziel erreicht: eine kleine Wohnung im dritten Stock eines heruntergekommenen, muffigen Hinterhauses in der Gneisenaustraße. Wir stiegen die knarrenden Holztreppen hoch, auf jeder Zwischenetage gab es ein Außenklo. Es war dunkel, nur winzige blaue Lampen brannten auf den Stockwerken an der Decke und beleuchteten spärlich die abgeplatzte Farbe an den Wänden.

Ein älterer Mann in einem dicken, grauen Pullover und einer zerbeulten blauen Hose öffnete die Tür und führte uns in eine große Küche. Ich erkannte den Mann sofort wieder, es war der alte Tankwart, bei dem Papa früher sein Auto mit Sprit versorgt hatte. Papa hatte mir erzählt, dass Trautwein Kommunist war und die Nazis bekämpfte, wo er nur konnte.

Eine sauertöpfisch dreinschauende Alte kam mit Trautwein in die Küche und gab mir ihre knöchrige Hand. Die Wohnung, mit den wegen der vorgeschriebenen Verdunklung heruntergezogenen Papierrollos vor den Fenstern, bestand aus der großen Küche und einem weiteren Raum, den die beiden Alten als Schlafzimmer nutzten. Mein Bett wurde auf dem dunkelroten, mit einem Holzgestell umrahmten, zerschlissenen Plüschsofa in der Küche gemacht.

„Ich kann doch nicht jedes Mal durchs Treppenhaus laufen, wenn ich zum Lokus muss", flüsterte ich Papa besorgt zu. Trautwein lachte, schüttelte den Kopf und zeigte auf den weißen, breiten Schrank, der zwischen den beiden Fenstern stand: „Den Lokus hier hab ich eigenhändig eingebaut! Du brauchst nicht 'ne Treppe tiefer zu gehen."

Als Papa uns verlassen und die Alten sich in ihr Schlafzimmer zurückgezogen hatten, legte ich mich hin. Erst jetzt wurde mir bewusst, in welch beschissener Lage ich mich befand: getrennt von Mama und Papa, von allen Freunden, untergekommen bei mir völlig Fremden, in äußerst beengten Wohnverhältnissen.

U-Boote, so nannten sich die abgetauchten Juden in Berlin, so hatten wir von denen gesprochen, von denen wir wussten. Nun war ich also selbst eins.

Aber das Schlimmste war, nichts von Helga zu wissen. Ich hatte mich nicht mehr von ihr verabschieden können und wusste nicht, wann und ob ich sie überhaupt noch mal sehen würde. Den Gedanken, einfach abzuhauen und zu ihr zu laufen, ließ ich sofort wieder fallen, nein, dazu war ich zu feige, das konnte ich auch den Eltern nicht antun. Ich fing an zu weinen wie ein Schlosshund.

Trautwein ging morgens früh zur Arbeit, seine Frau blieb zu Haus, puzzelte den ganzen Tag in der Küche rum und ging nur für kurze Zeit mal einkaufen. Ich versuchte mich so klein wie möglich zu machen, war ihr aber trotzdem ständig im Weg. Ich konnte nicht hinaus, und außer Papa, der ab und zu was zu essen und kleinere Geschenke brachte, kam ja auch niemand zu mir. Wenn ich beim Abwaschen helfen oder Kartoffeln schälen wollte, winkte sie nur ab. Die selbst gezimmerte Toilette zu benutzen, war mir ein Gräuel. Wenn es ging, hielt ich alles bis zur Nacht ein. Selbst das kleinste Geräusch war durch die dünne Holzwand in der Küche zu hören, da nutzte auch kein Pfeifen dabei oder lautes Husten.

Dass jede Verbindung zu Helga völlig abgeschnitten war, ließ mich allen Mut verlieren. Ich vermisste sie, aber mehr noch machte ich mir Sorgen um sie.

Papa, der genau wie Mama Helga schon lange innig in sein Herz geschlossen hatte, machte mir in den nächsten Tagen wieder Hoffnung; er wollte auch für sie eine Möglichkeit zum Untertauchen suchen.

Für kurze Zeit konnte ich über die ganze Misere hinwegsehen, in der ich steckte.

Aber Helgas Mutter war gegen Papas Vorschlag. Helga sollte bei ihr bleiben, komme, was wolle.

Papa führte Telefongespräche mit meinen Freunden, deren Eltern in Mischehen lebten und deren Telefonanschlüsse auf den Namen des nichtjüdischen Ehepartners liefen. Er fragte nach mir, ob ich dort sei, ob sie etwas von mir gehört hätten. Er fragte auch in den Krankenhäusern an, ob ich einen Unfall gehabt hätte und dort gelandet wäre. Er erkundigte sich auf unterschiedlichen Polizeirevieren nach mir. Nichts, nur negative Auskünfte. Dann gab Papa eine Vermisstenanzeige auf. Aber nach einem verloren gegangenen jüdischen Jungen zu suchen, das war das Letzte, wofür man Zeit hatte.

So wussten wir, dass mir vorerst niemand auf der Spur war.

Der Aufenthalt bei dem Tankwart und seiner Frau wurde immer ungemütlicher. Sie gab offen zu, dass sie Angst hatte, ganz besonders während der nächtlichen Bombenangriffe. Bei Fliegeralarm gingen die beiden in den Keller, ich musste oben bleiben.

Nach zwei Wochen wurde Papa eröffnet, dass Besuch aus Hannover käme und der Platz nun zu eng werde. Aber Trautwein kümmerte sich um eine andere Bleibe für mich, bei einem Genossen.

Durch das verdunkelte Berlin fuhren wir mit der S-Bahn abends an die nördliche Stadtgrenze nach Blankenburg zur Familie Horn. Das Ehepaar und ihre achtzehnjährige Tochter begrüßten uns freundlich und führten uns durch das schöne Einfamilienhaus, das von einem großen Garten umgeben war. Im vorderen Bereich, zur Straße hin, war ein modernes Radio- und Lampengeschäft untergebracht, das Herr Horn führte.

„Alles selbst gebaut, das ganze Haus. Unsere Genossen haben geholfen, wir haben ausgeschachtet, gemauert, verputzt. Wir beide", sagte Horn selbstbewusst und zeigte auf seine Frau, die lächelnd nickte. Sie war etwas größer als er, aber ein ganzes Stück jünger. Horn war so um die fünfzig, sprach im Allgemeinen nicht viel und trug immer einen blauen Kittel. Sein Oberkiefer war nach innen gedrückt, es sah aus, als fehlten ihm oben alle Zähne. Wenn es sich irgendwie machen ließ, eilte er jede volle Stunde von seinem Laden ans Radio im Wohnzimmer, um Nachrichten zu hören. Er kroch förmlich in den Kasten hinein, ein hellbraunes Gerät von Graetz, das neueste Modell, und lauschte BBC und Radio Moskau in deutscher Sprache oder holte sich den Schweizer Sender Beromünster heran.

Schon bald wurde mir klar, dass ich in einem goldenen Käfig gelandet war. Die Horns kümmerten sich wie selbstverständlich um mich, ich konnte raus in den Garten und musste mir erst mal keine Sorgen mehr machen.

Es mangelte uns an nichts. Essen war genug da, alle Lebensmittelhändler in der Gegend waren mit Horns befreundet und gaben ihnen, auch ohne Marken, was sie brauchten. Beschäftigen konnte ich mich auch: Herr Horn brachte mir bei, wie man kleine Reparaturen an Elektroartikeln ausführt, und ich reparierte entzweigegangene Bügeleisen, Heizkissen und was die Kunden sonst noch so brachten.

Das und natürlich der Abschied von fast allem, was mein Leben vor meinem Abtauchen bestimmt hatte, führte dazu, dass ich immer seltener an Helga dachte.

Die Liebe zu ihr schien plötzlich in weite Ferne gerückt.

Außerdem war da Ruth, und Ruth wollte ganz offensichtlich etwas von mir.

Eigentlich war Ruth so gar nicht der Typ Mädchen, in den ich mich hätte verlieben können. Sie war platt wie ein Bügelbrett, lief mit fettigen Haaren herum, und in ihren Blusen und Kleidern zeichneten sich feuchte Schweißflecke unter den Armen ab. Sie war auch nicht sonderlich helle, aber sie war da, und das ständig.

Eines Morgens, nicht lange, nachdem ich in Blankenburg angekommen war, rief sie mich in ihr Zimmer. Sie lag splitternackt auf ihrem Bett, lang ausgestreckt.

„Na, wat is?", sagte sie lachend, als ich zögerte: „Willste nich oder kannste etwa nich?" In Sekundenschnelle war ich bei ihr. Ich bekam eine Erektion wie ein Brecheisen, war aber so zappelig und aufgeregt, dass ich die Trainingshose kaum runter bekam. Ruth musste mir helfen und tat auch sonst alles, um mein erstes Mal nicht zu einem Fiasko werden zu lassen.

Alles ging wahnsinnig schnell, zu schnell, rasend schnell. Im letzten Moment konnte ich zum Glück noch herausziehen und so vielleicht etwas Ungeheuerliches verhindern.

Eigentlich hatte ich das alles gar nicht gewollt, nicht so. Mein erstes Mal hatte ich mir ganz anders vorgestellt, auf keinen Fall so hektisch. Ich hatte alles entdecken wollen, was es zu entdecken gab, alles auskosten wollen. Trotzdem war es ein bisher nicht gekanntes, wahnsinniges, wunderbares Gefühl gewesen.

Vermutlich hatte Ruth sich das mit mir auch anders vorgestellt, vielleicht hatte sie mehr Erfahrung bei mir erwartet. Wir versuchten es nie wieder, verstanden uns aber nach wie vor prima.

Stalingrad war gefallen, die sechste Armee in unendlich langen Kolonnen durch verschneite Steppen in die Gefangenschaft gezogen.

„Mit dem Sieg der russischen Armee in Stalingrad ist der Krieg für Hitler endgültig verloren", tönte Horn und rieb sich die Hände. „ … die In-ter-nationa-ha-le erkämpft das Menschenrecht …" Er führte einen regelrechten Freudentanz auf.

Die Euphorie über den Vormarsch der Roten Armee verwandelte sich wenig später in überschäumende Wut. „Dieser Klumpfuß, dieser humpelnde Verbrecher, dieses Arschloch, dieses hinkende!" Völlig außer sich, mit hochrotem Kopf, versuchte er in seiner Raserei den schönen, neuen Radioapparat einzutreten. Als das auch nach wiederholten Versuchen nicht ging, weil das Gerät auf der Anrichte zu hoch stand, riss er Blumen aus einer Glasvase und wollte die Vase schon gegen den Apparat schmeißen. Frau Horn konnte das im letzten Moment noch verhindern.

Tief atmend ließ er sich schwer auf einen Stuhl fallen, stützte mit beiden Händen seinen Kopf und bat seine Frau mit leiser Stimme: „Mach den Kasten aus. Ich kann dieses Schwein und das ganze Gebrüll nicht mehr hören."

Goebbels hatte an diesem Abend im Berliner Sportpalast zum „totalen Krieg" aufgerufen.

Langsam machte sich der Frühling bemerkbar. Der Rasen im Garten wurde grün, die Obstbäume fingen an zu blühen, es wurde wärmer, die gute Laune kehrte zurück. Es ging uns richtig gut. Ich versuchte, im Haushalt so viel wie möglich mitzuhelfen und auch die Reparaturen für den Laden schnell und sorgfältig auszuführen. Wir alle schoben beiseite, dass ich mich ja eigentlich versteckte, wir wurden unvorsichtig.

Frau Horn machte gegenüber den mit ihr befreundeten Lebensmittelhändlern augenzwinkernd Bemerkungen, aus denen hervorging, dass ihre Leute zu Hause mehr zu essen brauchten, als ihnen auf ihre Rationsmarken zustand, weil sie einen jungen Mann beherbergten, dem solche Marken verweigert wurden. Die Händler konnten sich ihren Teil denken, verkauften Frau Horn aber in den meisten Fällen die Ware, die sie wünschte.

Sobald die Dämmerung einsetzte, verließen Ruth und ich das Haus für ausgedehnte Spaziergänge in der fast menschenleeren Umgebung.

Papa kam von Zeit zu Zeit nach Blankenburg, nie mit leeren Taschen. Er hatte immer etwas mehr oder weniger Wertvolles für die Horns dabei, die sich über die Schmuckstücke und andere Kostbarkeiten sehr freuten, trotz anfänglicher Abwehr.

Am 23. April feierten wir meinen 17. Geburtstag. So, wie es sich gehörte, ohne irgendwelche Einschränkungen. Das Wetter war herrlich, und wir saßen draußen im Garten: Papa und auch Mama waren gekommen, sogar Onkel Willi und Tante Grete, deren ekstatische Hingabe an ihren Adolf seit einiger Zeit einer realistischeren Betrachtung gewichen war. Mit uns um den Kaffeetisch herum saßen nicht nur die drei Horns, sondern auch eine kleine, schwarzhaarige Dame, von der mir Ruth sagte, dass sie eine Genossin von ihrem Vater sei und früher eine wichtige Rolle in der Partei gespielt habe.

Es gab nicht nur leckeren selbst gebackenen Kuchen aus inzwischen rar gewordenen guten Zutaten, sondern auch echten Bohnenkaffee. Der war nur noch durch sehr gute Beziehungen zu haben.

Später kam noch Frau Horns Schwester mit ihrer Tochter Ursel dazu. Beide wussten, wer ich war, und sie fanden es ganz selbstverständlich, dass Horns mich aufgenommen hatten. Platz genug war ja vorhanden!

Ursel war etwas älter als ich, blond und hatte eine tolle Figur.

Plötzlich ging mir durch den Kopf, was ich eigentlich alles versäumte, während ich hier festsaß. Aber genauso schnell sagte ich mir, dass ich nicht undankbar sein durfte. Wenn man länger darüber nachdachte, war ich ein richtiger Glückspilz.

–11–

Bis zum 27. Mai.

„Eugen muss weg, sofort, auf der Stelle", rief Frau Horn mit sich überschlagender Stimme von der Haustür aus und stürmte durch den Flur ins Wohnzimmer. Sie ließ die volle Einkaufstasche auf den Boden gleiten und fiel erschöpft auf einen Stuhl. Durch das Geschrei alarmiert, kam Horn aus dem Laden gerannt, Ruth und ich verließen fluchtartig die Küche, wo wir gerade gemeinsam den Abwasch erledigten.

„Wat is los?", fragte Ruth und band sich die Schürze ab.

Ich stand da wie ein begossener Pudel.

„Der Junge muss weg", wiederholte Frau Horn. „Los, schnell, schnell. Vielleicht sind sie schon unterwegs, sie können jeden Moment da sein. Na, wird's bald, ruf deinen Vater an, er soll sofort herkommen, sofort!", schrie sie mich an.

Ich zitterte am ganzen Körper. Zum Glück erreichte ich Papa auch: „Du musst sofort kommen, ich kann nicht mehr hier bleiben, bitte, komm schnell!" Ich ließ den Hörer auf die Gabel fallen.

„Willste nich endlich sagen, wat passiert is?", schrie jetzt auch Ruth, packte ihre Mutter an der Schulter und schüttelte sie hin und her.

„Im Milchladen, er war proppenvoll, reden sie alle davon – und ganz offen –, dass bei uns ein Jude versteckt ist. Es ist furchtbar." Frau Horn war in sich zusammengefallen und schluchzte in ihr Taschentuch.

„Na, nu rech dich doch erst ma ab. Wer wees, ob da wirklich wat kommt", versuchte Ruth sie zu beruhigen.

Frau Horn sah ihre Tochter entgeistert an. „Solln wir etwa warten, bis die Gestapo vor der Tür steht?"

Herr Horn hatte bis jetzt kopfschüttelnd im Türrahmen gestanden. Nun machte er seiner Wut Luft: „Det kommt davon. Nischt kannste für dich behalten, allet musste erzählen. Warum quasselste bloß so ville? Du quatschst uns noch alle um Kopf und Kragen. Wenn ick dir bloß mal det Maul stopfen könnte." Horns Kopf glühte, er fuchtelte mit beiden Fäusten vor Frau Horns Gesicht.

Ich schlich mich unauffällig aus dem Zimmer, rannte nach oben und fing an, meine wenigen Sachen einzupacken.

Papa kam, so schnell er konnte. Es blieb keine Zeit für einen Abschied, für Dank, für Umarmungen. Wir fuhren geradewegs nach Schöneberg zu Tante Grete und Onkel Willi in die Maxstraße. Die Oma war noch vor Kriegsausbruch an einem zweiten Schlaganfall gestorben. Die Fahrt mit der S-Bahn schien kein Ende zu nehmen, und ich hatte höllische Angst.

„Bist du verrückt?", zischte Tante Grete entsetzt in Papas Ohr, als sie uns vor ihrer Wohnungstür stehen sah. Leise erwiderte Papa, dass er so schnell wie möglich einen anderen Platz für mich suchen wolle, sie aber im Augenblick die einzige Rettung sei.

Auf Zehenspitzen führte die Tante uns über den Flur ins große Eckzimmer, das den beiden als Wohnzimmer diente. Es war durch eine Tür mit ihrem Schlafzimmer verbunden. Dann fingen sie zu diskutieren an. Dabei rauchte die Tante eine Zigarette nach der anderen, steckte die nächste am glühenden Stummel der vorherigen an. Ich verkroch mich in eine Ecke und hätte mich am liebsten unsichtbar gemacht.

„Aber nur für ganz kurze Zeit ... bei der Position, die Willi in der Partei hat. Großer Gott, gar nicht auszudenken ..." Tante Grete lief noch immer im Kreis herum und schüttelte den Kopf.

Papa drückte und küsste mich zum Abschied und lächelte beim Hinausgehen.

Bald danach kam Onkel Willi, in brauner Uniform mit Stiefeln und Tellermütze. Er nahm die Mütze vom Kopf, wischte sich mit einem großen Tuch die Glatze trocken, stellte seine braune Aktentasche auf einen Stuhl, legte den breiten Gürtel ab, knöpfte die braune Amtswalterjacke auf und ließ sich in einen tiefen Sessel fallen. Noch bevor Tante Grete etwas erklären konnte, fragte er: „Na Junge, wie geht's?"

Jetzt war die Tante schneller, und ehe ich antworten konnte, klärte sie Onkel Willi in abgehackten Worten auf.

Onkel Willi nahm eine lange, dunkle Zigarre aus einer Kiste vom Tisch und entfernte behutsam die Bauchbinde. Er hielt die Zigarre ans Ohr, drückte sie dabei mit zwei Fingern an verschiedenen Stellen, schnitt sie dann an einer Seite ab, drehte das andere Ende im Mund und steckte sie an. Tief in den Sessel zurückgelehnt, betrachtete er die Glut und paffte genüsslich ein paar Kringel an die Decke. „So, so", sagte er und schwieg. Nach einer Weile fuhr er gedämpft fort: „Du wirst in der Kammer neben dem Bad schlafen. Wenn der letzte Mieter morgens die Wohnung verlassen hat, kommst du hierher ins Wohnzimmer und hältst dich hier auf, bis wir zurück sind. Verstanden?"

Ich nickte.

Die Tante hauchte ihre dicke Brille an und putzte mit einem Tuch beide Seiten der Gläser. Dann rückte sie dicht an mich heran: „Eugen, hier wohnen fünf Nazis, mehr oder weniger hohe Bonzen, die alle in verschiedenen Ministerien arbeiten. Wenn die was merken, kannst du dir vielleicht vorstellen, was mit uns passiert, mit uns allen." Die Tante schob ihr Taschentuch unter die Brille und wischte eine Träne weg.

Nachdem das geklärt war, machten sie sich daran, die Kammer für mich einzurichten. Kisten, Bügelbrett, Staubsauger und Koffer wurden beiseite geräumt und ein zusammenklappbares Bett hervorgezogen, auf das Kissen und Decke gelegt wurden. Ein runder, weißer Nachttopf aus Porzellan wurde von vorn geholt und ein großer, glänzender, verzinkter Eimer ins Wohnzimmer gestellt, zwischen Bücherschrank und Tür.

„Nach der Mittagszeit – manchmal kommt der eine oder andere zum Essen nach Hause – ist niemand in der Wohnung. Dann kannste den Eimer leer machen, aber sei vorsichtig. Und mach nie den Vorhang auf. Die Leute von drüben können hier reingucken."

In den ersten Nächten schlief ich in dem engen, fensterlosen Kabuff kaum, auch weil ich Angst hatte, im Dunkeln irgendwo anzustoßen oder von dem schmalen Bett zu fallen. Hier fühlte ich mich zum ersten Mal wirklich wie in einem Versteck und hatte ständig Schiss, entdeckt zu werden.

Der Onkel arbeitete seit einiger Zeit bei der Reichsbank als Fahrer und verließ das Haus früh, vor der Tante, die noch ihren Tabakwarenladen am Wartburgplatz hatte. Wenn der Onkel gegangen war, klopfte sie leise an die Tür, und ich schlich mich über den langen Flur nach vorn ins Wohnzimmer. Ich lebte in ständiger Angst, dass jemand mich hinten in der Kammer oder vorn im Wohnzimmer hören oder im Flur sehen könnte.

Während Onkel Willi meine Anwesenheit scheinbar ruhig hinnahm, ging mir die Tante, sobald sie mit mir allein war, mit allen möglichen Horrorvisionen auf die Nerven. Aber noch schlimmer als ihre ständigen Ermahnungen, dieses und jenes ja nicht zu tun, war ihre ewige Fragerei, wie lange ich noch zu bleiben gedenke und wann Papa denn endlich eine andere Bleibe für mich finden würde.

Was sollte ich darauf antworten? Papa rannte sich die Hacken krumm, um ein anderes Versteck für mich zu finden. Dazu kam noch die Sorge um Mama, von der ich nur noch selten etwas hörte, aber wusste, dass ihre Herzbeschwerden schlimmer geworden waren.

Bei Fliegeralarm, egal ob bei Tag oder bei Nacht, war ich bestimmt der Einzige in dem ganzen Haus, der nicht den Luftschutzraum aufsuchte. Ich hatte Angst, so ganz alleine in der Wohnung, besonders wenn die Detonationen der einschlagenden Bomben, das monotone Summen der Flugzeuge und das Knattern und Bersten der Flugabwehrgeschütze ganz in der Nähe zu hören waren.

Es waren schon einige Wochen nach meinem fluchtartigen Verschwinden aus der Blankenburger Idylle vergangen, als Papa sich vorsichtig bei Horns erkundigte und erfuhr, dass dort alles ruhig geblieben war. Keine Anzeige, keine Polizei, keine Gestapo, keine Verhaftung, nichts war passiert. Fast der ganze Ort wusste, dass ich mich illegal bei Horns aufgehalten hatte, und alle hielten dicht.

Papa erinnerte sich an die kleine, schwarzhaarige Frau, die an meinem Geburtstag bei Horns da gewesen war, die ehemalige kommunistische Reichtagsabgeordnete. Wie sich herausstellte, eine gemeinsame Bekannte von Herrn Horn und Herrn Trautwein.

Papa bat Horn, ein Gespräch mit dieser Frau zu vermitteln, und einige Tage später traf er sich mit ihr bei Trautwein. Mit neuer Hoffnung kam er nach dem Gespräch zurück.

Die Kommunistin hatte ihm von Hans Winkler erzählt, einem

kleinen Justizangestellten, einem Gerichtsschreiber am Amtsgericht in Luckenwalde.

Winkler war kein Parteimitglied, wollte aber helfen, wo er konnte. Er hatte als Protokollführer zusehen müssen, wie die SA politische Gegner bei ihren Verhören verprügelt und bis zur Unkenntlichkeit geschlagen hatte.

Die Frau kannte Winkler persönlich zwar auch nicht, schlug aber trotzdem vor, Winkler um Hilfe zu bitten, und bot Papa an, das für ihn zu tun. Papa blieb argwöhnisch. Bis die Frau ihm von Günther Samuel erzählte. Samuel war ein alter, sehr guter Freund von Winkler gewesen. Winkler hatte versucht, ihn und seine kleine Familie vor der Deportation zu schützen und Luckenwalder Freunde um Unterkunft für Samuels gebeten. Samuels lebten seit einiger Zeit in Berlin.

Frau Samuel arbeitete als Schwester im jüdischen Krankenhaus. Winklers Freunde kannten Samuels persönlich, noch aus der Zeit, als Samuel Vorsitzender des Sportvereins gewesen war und in Trebbin lebte. Die miese Propaganda der Nazis war an ihnen abgeprallt, und viele waren bereit gewesen, Samuels bei sich aufzunehmen. Aber als sie gehört hatten, dass Samuels einen kleinen, sehr aufgeweckten Jungen hatten, hatten sie verständlicherweise doch Angst bekommen. Alle Bemühungen Winklers blieben umsonst. Die Kommunistin machte Papa Hoffnung; die Leute waren ja immerhin schon so weit gewesen, jemandem Unterschlupf zu gewähren.

Und so kam es denn auch – Winkler war bereit, mich aufzunehmen, wollte mich aber vorher kennen lernen.

−12−

An einem bullig heißen Tag im August sollte Winkler zu uns in die Maxstraße kommen. Papa war da und auch Tante Grete, die vor Freude, mich nun endlich loszuwerden, ihren Laden für ein paar Stunden Onkel Willi überlassen hatte.

Ich war nervös, erregt und stand schon seit Stunden hinter dem Vorhang und schaute durch einen Riss darin aus dem Fenster.

Endlich kam ein großer, schlanker Mann mit kurzen, blonden Haaren und einer dunklen Aktentasche unterm Arm, vielleicht Mitte dreißig, die Straße entlang. Er sah nichtssagend aus, trug einen unauffälligen, sportlichen Anzug. Vor unserem Haus blieb er stehen, sah sich um.

Es klingelte.

Oben angekommen, beäugte er mich von oben bis unten und von vorn bis hinten, sagte wenig und drängte schon bald zum Aufbruch. Wir wussten eigentlich kaum etwas von dem Mann, nur das, was Papa von der ehemaligen Abgeordneten über ihn erfahren hatte, und dass er mich mit nach Luckenwalde, einer kleineren Industriestadt ungefähr siebzig Kilometer südlich von Berlin, nehmen und dort unterbringen wollte. Wir wussten nicht, bei wem, wir wussten nicht, für wie lange, und wir wussten auch nicht genau, wo in Luckenwalde.

Mir war nur sofort aufgefallen, dass Winklers Finger an beiden Händen verkrüppelt waren. Später erklärte er mir, dass er deshalb nicht Soldat geworden war.

Seit dem Tag im Januar, an dem ich unsere Wohnung verlassen hatte, war ich nicht wieder durch eine belebte Straße in Berlin gegangen. Schon auf dem Weg zur nächsten S-Bahnstation am Sachsendamm hatte ich die Hosen gestrichen voll. Mein Atem ging in heftigen Stößen, den kleinen braunen Glasfiberkoffer, in den ich Wäsche und andere Sachen zum Anziehen gepackt hatte, trug ich in der Linken, um so noch näher an den Häuserwänden entlanglaufen zu können. Ich guckte nach unten, hielt mich dicht hinter Winkler, vermied jeden Blickkontakt mit den Vorbeigehenden, betete, dass mir niemand begegnete, der mich kannte.

Am Anhalter Bahnhof stiegen wir in die Eisenbahn nach Luckenwalde um. Ich zwängte mich in den hintersten Winkel, weit weg von Winkler, es war besser, man sah uns nicht zusammen, drückte meine Nase an die Fensterscheibe und vermied es, die Leute im Inneren des Waggons anzusehen. Es gab kaum noch junge Männer in meinem Alter, die keine Uniform trugen. Auch Männer in Winklers Alter sah man kaum noch ohne irgendeine Montur. Das allein musste schon verdächtig wirken. Vor Aufregung schlug mein Herz bis zum Hals, aber zum Glück hatten wir weder eine Ausweiskontrolle noch eine Militärkontrolle, noch eine Fahrkartenkontrolle.

Es war rabenschwarze Nacht, als wir in Luckenwalde ausstiegen, ein Mühlstein fiel mir vom Herzen. Winkler lachte, der Mann schien überhaupt keine Angst zu kennen.

Auf dem Weg zu seiner Wohnung in der Bismarckstraße erzählte er mir, dass er im Zusammenhang mit den Bemühungen, seinen Freund Samuel und dessen Familie zu retten, mit zuverlässigen Freunden den „Sparverein Großer Einsatz" gegründet hatte. Unter diesem Decknamen sammelte er Leute um sich, die bereit waren, untergetauchte Juden durch Lebensmittel und Geldspenden, aber auch durch die Bereitstellung von Unterkünften über Wasser zu halten. Durch Frau Samuel hatten auch sie von den grauenvollen Berichten darüber gehört, was mit den Juden auf den Transporten und in den Lagern im Osten geschah. Winkler erzählte mir von einigen dieser Leute, bei denen er mich unterbringen wollte, erzählte mir aber auch von Horst, seinem fünfzehnjährigen Sohn, und von Ruth, seiner elfjährigen Tochter. Ruth war gerade auf Kinderlandverschickung im Sudetenland, würde aber bald zurückkommen.

Das Haus Nummer sechs lag gleich am Anfang der Bismarckstraße, in die wir rechts einbogen. In der Dunkelheit war kaum etwas zu erkennen, eine lange Häuserfront zog sich zu unserer Rechten hin.

Wir blieben vor dem Haus stehen, Winkler beugte sich zu mir und sagte leise, dicht an meinem Ohr: „Verhalte dich ganz ruhig, hier hört jeder alles, die Wände sind sehr dünn. Die Alte neben uns ist sehr neugierig, aber jetzt schläft sie hoffentlich schon." Er schloss die Haustür von innen ab und flüsterte mir zu: „Eine halbe Treppe links."

Winkler führte mich ins Wohnzimmer, in dem eine Couch, ein niedriger Tisch davor, zwei Sessel, eine Anrichte und ein schmaler Bücherschrank standen. Mein Bett war schon auf der Couch gemacht.

Neben dem kleinen Bad mit der Toilette war die Küche. Die Tür des Schlafzimmers, das vom Flur abging, war geschlossen. Winklers Frau und Horst schliefen schon. Die ganze Wohnung war bestimmt nicht viel größer als 40 bis 50 Quadratmeter.

Ich hatte großes Vertrauen zu Winkler und war neugierig auf seine Frau und Horst, der ja etwa in meinem Alter war. Seit wir den Zug verlassen hatten, war die Angst wie weggeblasen, und ich schlief in dieser ersten Nacht wie ein Toter.

Beim Frühstück am nächsten Morgen stellte mir Winkler seine Frau als Tante Frida vor und meinte, dass er von nun an Onkel Hans für mich sei. Tante Frida vermittelte mir von ersten Augenblick an das Gefühl, willkommen zu sein, es war, als ob wir uns schon seit langem kannten, nichts Fremdes war an ihr, und sie ging mit mir um wie mit einem sehr engen und lieben Verwandten.

Horst kam später dazu, noch etwas verschlafen, das picklige Gesicht ungewaschen. Ihm wurde ich als ausgebombter Vetter vorgestellt.

„Nee, gloob ich nicht", schüttelte Horst misstrauisch den Kopf mit den blonden Haaren. „Da hätt ich schon mal was von gehört. Also los, wer is det?"

Tante Frida stand auf, stellte sich hinter Horst, strich ihm über die ungekämmten Haare und erklärte: „Wir müssen den Eugen unterbringen, so wie wir auch versucht haben, Samuels zu verstecken. Aus demselben Grund. Ich brauch nicht zu betonen, dass du die Klappe halten musst. Haben wir uns verstanden?"

„Allet klar." Er kaute und wandte sich zu mir: „Brauchst dir keine Sorgen zu machen. Ich geh schon lange nich mehr zu der HJ. Die ganze Hitlerjugend kann mich mal am Arsch lecken." Er grinste seinen Vater an, der zufrieden nickte: „Auf Horst kannste dich verlassen, Eugen, der ist in Ordnung."

Ich wusste, dass ich einen neuen Freund gefunden hatte, und fühlte mich bei Winklers schon nach kurzer Zeit wie in Abrahams Schoß.

Nur würde ich leider nicht lange dort bleiben können, es war jetzt schon eng. Wenn Ruth zurückkommen würde, würden vier Winklers und ich in der kleinen Wohnung leben, wie sollte das gehen?

Als Onkel Hans von Rissmann sprach, bei dem er mich unterbringen wollte, zeigte Tante Frida ihm einen Vogel. „Bei dem Penner im Stall ... bei dir piepstet ja! Du bist ja verrückt, Alter!", aber dann lachte auch sie. Ich stand da und grinste verlegen.

Es war noch früh, Nebelschwaden lagen über den Feldern und Wiesen, als ich mit Onkel Hans einige Tage später zu Rissmanns Holzbude aufbrach. Sie lag ein paar Kilometer außerhalb der Stadt auf einer Wiese, von Sträuchern und ein paar halbhohen Bäumen umgeben und von der Straße nicht zu sehen. Auf dem Weg dahin erzählte mir Onkel Hans, dass Paule Rissmann ein stadtbekannter Radaubruder war und früher als Kommunist keine Schlägerei mit den Nazis ausgelassen hatte.

Wir näherten uns der Bude bis auf ein paar Schritt, da wurde knarrend eine Brettertür von innen aufgestoßen, und ein Penner, wie er im Buche steht, füllte den Rahmen. Rissmann, mit stoppliger, faltiger, zerfurchter Visage, eine Pfeife im Mundwinkel, ließ uns eintreten. Das Sonnenlicht drang nur spärlich durch die mit Fliegendreck übersäten und mit Spinnenweben bedeckten Fenster. Es stank bestialisch, in einer Ecke tief im Raum blökten Hammel hinter einer meterhohen Barriere. Das Mobiliar bestand aus einem Holzfass mit einem daraufgenagelten Brett, das als Tisch diente, und einem eisernen, verrosteten Bettgestell mit einer durchgesessenen, fleckigen Matratze. Außerdem gab es zwei Hocker und einen eisernen Kanonenofen samt Abzugsrohr, das quer durch den Raum verlegt war. In einer Ecke türmten sich leere Bierflaschen. Rissmann, mit offenem Hemd und offener Hose, hob und senkte mit seiner rissigen, schwieligen Pranke meine Hand wie einen Pumpenschwengel. Er bot uns die verklumpte Matratze an. Bevor er sich hinsetzte, zog er hörbar die Nase hoch und spukte den Auswurf in hohem Bogen durch die offene Tür.

Das konnte nicht sein, das konnte einfach nicht sein, dass Onkel Hans mich hier in dieser Bretterbude bei den Hammeln ließ. Ich fing an, mir Sorgen zu machen.

„Wie haste dir das denn jedacht, Paule?", hörte ich nun Onkel Hans fragen.

„Ick hab ma jedacht, det deine Frida ihm jeden Tach wat zum Mampfen bringt, aba det is inzwischen zu jefährlich jeworden. Da draußen uff de Schoßee kontrolliert alle Furz lang der Volkssturm, und denen kann de Frida uffallen." Rissmann stand betreten da und senkte den Kopf. Vielleicht hatte er Onkel Hans zu viel versprochen.

„Seien wir ehrlich, Paule, jeht nicht, ville zu riskant", winkte Onkel Hans ab und wanderte mit gesenktem Kopf mehrmals um das Fass herum.

Rissmann schlich sich raus, hustete anhaltend und spuckte in die Gegend; die Hammel sprangen immer wieder krachend gegen die Holzbretter und blökten, und ich bekam langsam wirklich Angst, dass sich keine Lösung für mich finden ließe.

„Paule, streng deinen Grips an, wat machen wir mit dem Bengel?" Onkel Hans zeigte auf mich. Ich lehnte an der Wand und fühlte mich beschissen.

„Ick hab 'ne Idee", Paul Rissmann zog uns beide an der Schulter zu sich und sagte bedeutungsvoll: „Der Junge jeht zu mir nach Frankenfelde. Ick muss nächste Woche zurück in Kriech. Meene Olle werd ick schon wat erzählen, weitläufijer Verwandter, ausjebombt, irjendwat in die Richtung. Mach da keene Sorjen, Hans... und du ooch nich." Rissmann haute mir seine Pranke voll ins Kreuz, und alle lachten erleichtert.

Auf dem Heimweg versprach mir Onkel Hans, dass er und Tante Frida sich um mich kümmern und alle paar Tage nach dem Rechten sehen würden.

„Mit der alten Rissmann, das kann auch nicht gut gehen", sagte Tante Frida nur, als sie von der Idee hörte.

Die Zeit, bis ich nun mein neues und wohl vorerst endgültiges Quartier beziehen sollte, ging schnell um. Onkel Hans erklärte mir den Weg nach Frankenfelde genau. Ich ging am verabredeten Tag schon in aller Herrgottsfrühe los, traf unterwegs kaum auf Menschen und war sehr zeitig auf Rissmanns Grundstück. Die alte Frau, von der ihr Mann gesagt hatte: „Meene Olle is nich doof, aba se hört'n bissken schwer", bemerkte nicht, dass ich in ihre Küche eintrat. Ich hustete, immer lauter. „Ach, da sind se ja. Paule hat mir von ihnen erzählt und jesacht, dat se heute kommen", kicherte die Alte, als sie mich erblickte. Sie sah aus wie die Hexe von Endor: dicke Brillengläser auf der spitzen, langen Nase, ein dünnes, geflochtenes, graues Zöpfchen, das ihr am Hinterkopf baumelte, braun karierte Pantoffeln und eine ärmellose Kittelschürze, aus der streichholzdünne Ärmchen heraushingen, nichts darunter.

„Dort können se wohnen." Sie zeigte mit einer hölzernen Teigrolle auf eine ehemals weiße Tür und wandte sich dann wieder ihrer Tätigkeit am Herd zu.

In dem Zimmer stand ein wackliger Kleiderschrank, ein hölzernes Bettgestell mit grauer, fleckiger Bettwäsche, von der niedrigen Decke hing eine Glühbirne, und die Wände waren aus schmutziger, brauner Pappe, die stellenweise mit alten Zeitungen beklebt war. Ich hatte mich grade auf den Bettrand gesetzt, um ein paar Stullen, die mir Tante Frida mitgegeben hatte, auszupacken, vor Aufregung hatte ich heute noch gar nichts essen können, da klopfte es laut und fordernd an der Haustür. Die alte Rissmann hörte nichts, das Bummern an der Tür wurde stärker, eine dröhnende Stimme rief laut: „Kriminalpolizei!" Die Tür wurde aufgestoßen, und ich hörte schwere Stiefel in die Küche treten. Mir blieb der

Bissen im Hals stecken. Das Blut hämmerte in den Ohren, meine Beine fingen an zu zittern, ich wagte kaum zu atmen.

„Paule is an de Front", bellte die Alte los. „Wat is'n passiert?"

„Sie wissen ganz genau, wat los is, sie haben schon wieder schwarz geschlachtet."

Ich atmete aus. Schweiß lief mir den Oberkörper hinab, mein Hemd bekam dunkle, nasse Flecken.

Die Alte ging mit dem Beamten ums Haus, um ihm den Stall zu zeigen. Die Stimmen waren kaum noch zu hören. Ich dachte nur noch an Flucht, ging auf Zehenspitzen zum offenen Fenster, hockte mich auf die Fensterbank, horchte und ließ mich vorsichtig runter. Niemand war zu sehen.

Keuchend lief ich, erst gebückt, dann aufrecht, ohne anzuhalten zum nahe gelegenen Wald. Immer tiefer hinein, verstohlen, gehetzt, voller Angst. Nach einigen hundert Metern ließ ich mich fallen. Es war ruhig hier, außer Vogelgezwitscher war nichts zu hören. Ich traute mich vorerst nicht zurück und blieb den ganzen Tag im Wald. Mein Magen knurrte, der Mund war trocken, ich hatte Durst.

Erst als die Nacht schon hereinbrach, schlich ich mich zum Haus der alten Rissmann zurück, stieg durch das noch immer offene Fenster, zog die Schuhe aus und legte mich, wie ich war, mit Klamotten ins Bett.

Die Bettdecke wurde runtergerissen und jemand rüttelte an meinen Schultern. Aus dem Tiefschlaf erwacht, sah ich ein braunes Nazihemd und zwei Enden eines schwarzen Halstuchs über mir, ich ließ meinen Blick weiter nach oben wandern – und sah in das lachende Gesicht von Horst, der noch immer meine Schultern festhielt. „Aufwachen, mach schon, steh auf. Die Alten warten schon auf uns", flüsterte Horst und sah sich in dem Zimmer um. „So 'ne Bruchbude, det jeht doch nich. Haben die Alten auch gesagt. Mutter hat gedrängelt, dass ich dich hole. Vorläufig bleibste bei uns. Bis der Alte was Ordentliches gefunden hat. Ist doch pfundig, was? Los, Abmarsch", drängelte Horst ungeduldig.

„Dufte, Mann, aber warum hast du denn das Scheißhemd angezogen? Ich hab mich zu Tode erschrocken!", fragte ich Horst vorwurfsvoll.

„Ich hab mir gedacht, es fällt weniger auf", grinste Horst.

Im Nu war ich aus dem Bett und in den Schuhen, umarmte Horst, war froh, dass ich wieder zu Winklers konnte. Wir sprangen aus dem Fenster und rannten ohne anzuhalten bis zur Bismarckstraße, wo Tante Frida uns in ihre Arme schloss.

Als Tante Frida hörte, was gestern passiert war, und dass ich seit gestern Morgen nichts gegessen hatte, machte sie sofort Stullen und sagte mit feuchten Augen: „Jetzt brauchste keine Angst mehr zu haben. Jetzt bleibste bei uns."

Onkel Hans lachte sich kaputt.

„Mensch, Alter, was gibt's da zu lachen?", schimpfte Tante Frida erst, aber allmählich fand auch sie meine Geschichte komisch, und am Ende lachten wir alle.

Seine HJ-Uniform hatte Horst an diesem Tag zum letzten Mal angezogen. Wir hatten die gleiche Figur, und wenn ich mal – was selten vorkam – mit Tante Frida oder auch mit Horst abends ein paar Schritte vor die Tür ging, um frische Luft zu schnappen, warf ich mich in die braune Montur.

„Vielleicht willste meine Landsknechtspauke auch noch vorn Bauch binden, wenn du rausgehst", witzelte Horst. Wir lachten beide, als ich seine Uniform anprobierte.

Früher, als ich noch in die Volksschule gegangen war, war ich ganz verrückt darauf gewesen, diese Uniform tragen zu können, das ging mir durch den Kopf, als ich mich vor dem Spiegel betrachtete und das schwarze Halstuch durch den Flechtknoten zog. Was war anders an mir? Nicht arisch, so ein Schwachsinn, damals wie heute. Ich drehte und wendete mich und fand mich gut.

Ob ich auch so ein Arschloch geworden wäre wie der dicke Kubik oder mein Freund Linkenbeil, wenn man mich gelassen hätte? Hätte ich genauso auf meinen Schulfreunden rumgehackt wie sie auf mir? Hätte ich geglaubt, was in dem Scheiß-Stürmer stand? Daran, dass die Juden an allem Schlechtem schuld waren? Ich konnte das nicht glauben. Dafür hätte mein Vater schon gesorgt, er war mir immer ein Vorbild gewesen, und auch meine Mutter. Genau wie Onkel Hans und Tante Frida dafür gesorgt hatten, dass Horst so geworden war, wie er war.

–13–

Nach einigen Tagen kam wie angekündigt Ruth aus dem Sudetenland zurück. Ihre Eltern hatten sie aufs Land geschickt, um sie vor den Bomben in Sicherheit zu wissen. Ich wurde ihr als Cousin vorgestellt, der ausgebombt sei und für eine Weile bleiben würde. Am zweiten Tag schon fing Ruth an, ihre Mutter mit Fragen danach zu quälen, wer ich wirklich war: „Mutter, wer ist das, ich hab keinen Cousin, los, sag schon. Was macht der den ganzen Tag bei uns zu Haus? Ich will das jetzt wissen, Mutter." Ruth haute mit der Faust auf den Tisch, sie war richtig wütend.

Ich hielt mich da raus und ging in die Küche. Tante Frida nahm ihre Tochter an die Hand, und beide kamen zu mir und setzten sich an den Küchentisch.

„Der Eugen, das ist ein jüdischer Junge, den wir verstecken, so einer, wie die Samuels waren", fing Tante Frida an zu erklären. „Mit den Samuels hat es damals nicht geklappt, weißt du, wegen dem kleinen Jungen. Die wollte Papa auch verstecken."

„Ja, warum müssen wir den denn verstecken?"

„Wenn die Nazis den finden, bringen sie ihn um."

„Und warum machen sie das?"

„Weil sie Verbrecher sind. Und wenn sie wissen, dass wir ihn verstecken, bringen sie uns auch um."

„Gut, Mutti, jetzt weiß ich es. Von mir erfährt keiner was. Kannst du dich drauf verlassen." Damit war das Gespräch beendet.

Ruth brachte keine Freundin mehr nach Hause und hielt auch

in der Schule dicht. Und das, obwohl sie und ihre Mitschüler in der Hitlerjugend dazu angehalten wurden, ihre Eltern anzuzeigen, wenn sie mitbekamen, dass die nicht mit der Politik der Nazis einverstanden waren. In dieser Familie herrschte wirklich ein ganz besonderes Vertrauensverhältnis, mein erster Eindruck hatte nicht getäuscht.

In Winklers Zweizimmerwohnung lebten wir nun zu fünft, Onkel Hans, Tante Frida, Horst, Ruth und ich. Horst und Ruth schliefen in einem Hochbett mit den Eltern zusammen im Schlafzimmer, ich schlief weiterhin im Wohnzimmer.

An einem der nächsten Tage erzählte Onkel Hans beim Mittagessen von Paul Thiele und seinem Frisörladen in der Dahmer Straße. Seine Frau war Jüdin und schmiss den Laden wider Erwarten ganz unbehelligt; Thiele, der im Ort bekannt war wie ein bunter Hund, machte Geschäfte mit den Bauern und verschob Schwarzware auf Teufel komm raus. Er konnte alles besorgen, was es über den Ladentisch schon lange nicht mehr zu kaufen gab: Kaffee, Fett, Autoreifen, Benzin, Schnaps, Kartoffeln und vieles, vieles mehr.

Thiele hatte Onkel Hans versprochen, dass er sich eine Zeit lang um mich kümmern würde, denn nachdem nun Ruth wieder zu Hause war, wurde die Enge in der kleinen Wohnung immer mehr zum Problem.

Am selben Tag kam Thiele abends zu uns. Er sah genauso aus, wie ich mir Rumpelstilzchen immer vorgestellt hatte. Ein Männchen, um den eine viel zu weite und zu große Joppe hing, mit Knobelbechern, die für die dünnen Beinchen viel zu weite Schäfte hatten. Auf dem Kopf trug er eine karierte Schirmmütze, die er alle Augenblicke abnahm, um sich den kahlen Hinterkopf zu kratzen. Thiele war ungefähr so alt wie Onkel Hans, wirkte fickrig und nervös und trat unentwegt von einem Bein aufs andere, dabei klapperte er ständig in der Tiefe seiner großen Joppentasche geräuschvoll mit einer Schere.

„Erst mal runter mit den Haaren, Horst, hol einen Stuhl aus der Küche und leg ein paar Zeitungen auf den Boden", befahl Thiele, nachdem er mich in dem kurzen Flur rundum betrachtet hatte. „Eugen, zieh dir erst mal dein Hemd aus. Is besser, wegen der Haare."

Dann ging es los. Horst konnte sich das Lachen nicht verkneifen, als mein Kopf immer kahler wurde. Ich hatte mich mit meinem Schicksal abgefunden, wehren hätte sowieso nichts genutzt.

„Abmarsch", befahl Thiele. Er wollte mich auf der Stelle zu einer Frau Berger bringen. Tante Frida hatte inzwischen mein Köfferchen gepackt und uns bis auf die Straße begleitet.

Draußen erklärte mir Thiele, dass er ein Grundstück hatte, auf dem ich mich tagsüber aufhalten könnte, genau gegenüber dem Haus von Frau Berger. Der hatte er gesagt, dass ich ausgebombt sei und er eine Weile für mich sorgen würde. An einer mannshohen, langen, grauen Mauer blieb er plötzlich stehen, schloss eine kleine Tür auf, die dort eingelassen war, und schob mich hindurch. Er kam hinterher und verriegelte die Tür wieder. Wir waren auf seinem Grundstück. Es war noch hell genug, um in einer Ecke einen Holzklotz und mehrere abgesägte Baumstämme zu erkennen, die Thiele mit dem Fuß beiseite schob. Dann hob er eine in den Boden eingepasste Holzplatte ab. Er stieg eine Art Hühnerleiter hinunter und verschwand im Dunkeln. Eine Petroleumfunzel erhellte bald ein kühles, geräumiges Erdloch – Thieles Depot, eigenhändig von ihm ausgehoben, um seine Schwarzware zu lagern. Ich stieg auch hinunter. Gespenstische Schatten huschten über die mit einigen Baumstämmen abgestützten Wände. In einer Ecke stapelten sich Autoreifen, daneben standen olivgrüne, teils angerostete Benzinkanister, gegenüber lagen auf Holzbohlen Säcke mit Kartoffeln. Als ich fragend auf einen Berg mit runden Blechdosen schaute, erklärte mir Thiele, dass das Dauerbrot aus Wehrmachtsbeständen war. In einem grob zusammengehauenen Regal standen Flaschen in allen Größen und Farben – Öl, Schnaps und Petroleum –, daneben waren Zigaretten zu erkennen, viereckige Würfel Kunsthonig, Wurst in Einweckgläsern, Zucker, Mehl, ebenfalls in Gläsern; alles Waren, mit denen Thiele handelte.

Nach dem kurzen Überblick scheuchte er mich wieder nach oben und führte mich in eine kleine Laube, in der Gartengeräte und Werkzeug lagerten. An der Mauer war Brennholz aufgeschichtet. „Da kannste morgen weitermachen", Thiele zeigte auf die Kloben und die Axt, die in dem Holzklotz steckte.

Wir überquerten die Straße und gingen zu der Wohnung von Frau Berger gegenüber. Thiele klingelte, und eine jüngere, blonde Frau öffnete. Sie trug eine helle Bluse und einen bunten Rock.

„Ich hab Sie schon erwartet", begrüßte uns Frau Berger und gab uns die Hand. Sie ging voraus durch einen dunklen Korridor in ihr Wohnzimmer. Thiele stellte mich als den ausgebombten Neffen aus Wuppertal vor, verabschiedete sich hastig und verschwand lautlos.

Wir setzten uns um den schweren, schwarzen Eichentisch, von der Decke hing eine Lampe mit grünem Seidenschirm. Frau Berger bot mir selbst gebackene Kekse aus einer Blechbüchse an, und dann fragte sie mich Löcher in den Bauch: Wie das war, der Luftangriff, ob man noch was hatte retten können, und wo meine Mutter sei, an welcher Front mein Vater. Ich log, dass sich die Balken bogen.

In einer kurzen Gesprächspause stand sie auf, ging an die schwarze Anrichte hinter mir und holte einen Schuhkarton voller Fotos aus einer Schublade. Sie wühlte erst längere Zeit in dem Karton und zog schließlich ein postkartengroßes, etwas vergilbtes Bild hervor, betrachtete es erst einen Moment selbst und sagte fast ehrfürchtig, bevor sie es mir hinhielt und sich wieder setzte: „Mein Mann." Und einige Sekunden später: „Sein letztes Foto. Er ist in Italien. Er hat geschrieben, dass er bald auf Urlaub kommt, ich freue mich schon so."

Auf dem Bild sah ich einen Mann um die vierzig. Totenkopf an den Kragenspiegeln, viel Blech an der Brust, SS-Uniform. Frau Berger erhob sich wieder, kam herum und stellte sich hinter mich; sie konnte ihren Blick nicht von dem Foto wenden: „Waffen-SS. Mein Willi hat sich freiwillig gemeldet. War früher in der SA-Motorradstaffel. Die Kameraden haben immer noch hier unten, wo früher unsere Werkstatt war, ihren Treffpunkt."

Sie ging an einen Schreibtisch und brachte ein gerahmtes Foto von ihrem Mann, um mir auch das zu zeigen. Herr Berger lächelte aus brauner SA-Uniform.

„Dufte", sagte ich mit so viel Bewunderung in der Stimme wie möglich.

Endlich holte Frau Berger aus einer Truhe im Flur Bettzeug herein und begann damit, mir das Bett auf dem Sofa im Wohnzimmer herzurichten. Ich half ihr dabei.

„Die Toilette ist unten. Sie müssen den Korridor lang und hinten die Treppe zum Hof runter. Also, gute Nacht", Frau Berger lächelte, machte die Tür zu und ging.

Ich zog mich bis auf die Unterhose aus und machte mich auf nackten Sohlen auf den Weg zum Klo, als es plötzlich laut wurde auf dem Hof. Motorräder kamen angerast, knatterten, quietschten, bremsten, Motoren heulten auf. Ich reckte mich und schaute durch ein kleines Treppenfenster auf den gepflasterten Hof, der durch das fahle Mondlicht erhellt wurde. Ich erschrak so heftig, dass ich meine Beine nicht mehr in der Gewalt hatte. Sie fingen an zu zittern, sodass ich mich an der Fensterbank festhalten musste. Ich holte tief Luft und hielt den Atem an. Im Nu war der ganze Hof mit etwa zwanzig Braununiformierten angefüllt, von denen die meisten Lederkappen und geschnürte, hohe Stiefel trugen. Sie stellten ihre Maschinen nebeneinander ab und begrüßten sich zackig mit hochgerecktem Arm und „Heil Hitler", bevor sie hinter einer Tür verschwanden. Meinen Weg zur Toilette fortzusetzen, war unmöglich. Das Pinkeln war mir vorerst vor lauter Schreck vergangen.

Ich schlich zurück und legte mich ins Bett, das Stimmgemurmel war noch lange zu hören. Ich konnte nicht schlafen, und der Drang, Wasser zu lassen, war wieder da und wurde stärker. Ich stand auf und zog den schweren Vorhang vor dem Fenster zurück. Das weiße Licht des Mondes schien in das Zimmer. Langsam wurde es kritisch, aber wohin? Links vom Flur war die Küche. Das Ausgussbecken war so hoch, dass mein Strahl es nicht erreichen würde. Einen Stuhl daran zu stellen, würde in der Dunkelheit Krach machen und womöglich Frau Berger wecken. Nicht auszudenken, wenn sie mich in dieser Situation erwischen würde … Meinen kleinen, braunen Glasfiberkoffer auspacken und da hinein … nein, alles Quatsch. Da sah ich die Erlösung vor mir stehen: die Blumentöpfe auf Fensterbrett und Pflanzenständern. Ich stellte vorsichtig einige Farne und Kakteen auf den Boden und rückte zwei große Gummibäume zurecht. Ob sich die Angst auf die Blase ausgewirkt hatte – jedenfalls wollte das Pinkeln kein Ende nehmen. Am Schluss bildeten sich an den Rändern der Töpfe kleine Lachen, die sich allmählich zu Rinnsalen entwickelten und auf dem braunen, glatten Linoleum durch das Zimmer flossen. In meiner Aufregung lief ich in die Küche, griff das erstbeste Stück Stoff, vermutlich ein Küchenhandtuch, wischte alles auf, schlich lautlos zurück und hängte das verpisste Tuch über eine Stange am Herd.

Das Herzklopfen ließ nur ganz allmählich nach. Ich starrte an die hohe Zimmerdecke mit den Stuckrändern und versuchte mir auszumalen, was passiert wäre, wenn Frau Berger mich in der Küche erwischt hätte, oder überhaupt, wenn sie wüsste, dass ich ihr alles nur vorgeschwindelt hatte. Wie würde sie wohl reagieren, wenn sie erfuhr, wer ich war? Ob sie mich anzeigen und vielleicht die SA-Leute rufen würde? Die würden mich sicher verprügeln und einsperren. Danach würde ich wahrscheinlich in einen Viehwagen gepfercht und irgendwohin in den Osten deportiert werden. Das hieße die endgültige Trennung von Mama und Papa.

Am nächsten Morgen wachte ich schweißgebadet auf.

Nach Muckefuck und Marmeladenbrot ging ich zu Thieles Grundstück und sah gerade noch, wie er sich aus der Hocke aufrichtete und Sand von beiden Händen an seiner weiten Joppe abstreifte. Er hatte die Nummernschilder seines grünen ehemaligen Polizeiautos mit Motoröl und darauf geblasenem Sand unlesbar gemacht, um so eine „Geschäftsfahrt" vorzubereiten. Das Verdeck war zurückgeklappt, die hinteren Sitze hatte er ausgebaut, um mehr Platz für seine Schieberware zu haben. Er warf mehrere Säcke mit Kartoffeln in den offenen Wagen, hob ein paar Benzinkanister hinein, setzte sich ans Steuer und zischte ab.

Mittags kam Thiele mit leerem Wagen zurück und brachte mir ein graues Feldgeschirr mit Essen mit. Ohne ein Wort zu sagen, schmiss er einige Autoreifen in das Auto und fuhr sofort wieder los.

Diese Prozedur wiederholte sich in den nächsten Tagen. Es war immer das Gleiche, Thiele lud und entlud sein Vehikel mehrmals am Tag, präparierte seine Nummernschilder, brachte mittags Essen, verstaute die kostbare Fracht in seinem Bunker und gab mir Lebensmittel für Frau Berger mit, die mich nur morgens und abends verpflegte.

Nach ein paar Tagen zeigte mir Frau Berger freudestrahlend einen Feldpostbrief von ihrem Mann – er hatte Urlaub bekommen und war schon auf dem Weg nach Haus. Was das für mich bedeutete, war klar. Nach einem kurzem Abschied von der netten Frau kehrte ich zu Winklers zurück und war froh, wieder bei Tante Frida zu sein.

−14−

Ich war erst einige Tage wieder bei Winklers, als Thiele kalkweiß im Gesicht abends bei uns Sturm klingelte, zitternd hin und her lief und Onkel Hans schließlich zuflüsterte: „Der Alte ist gestorben." Fast flehentlich bat er: „Ihr müsst mir helfen. Los, gleich, es ist höchste Zeit. Schippe, Spaten und Säcke hab ich schon in den Wagen gepackt." Er stand da mit eingefallenen Schultern und kratzte sich die ergrauten Haarstoppeln, wartete ungeduldig.

Thiele hatte mir gleich am ersten Abend erzählt, dass er noch ein anderes Grundstück hatte, in Lehnin. Dort hatte er einen Onkel seiner jüdischen Frau versteckt und fuhr alle paar Tage dahin, um dem alten Mann Lebensmittel zu bringen. Der Alte lebte dort schon eine ganze Weile in großer Angst, ging nie an die Luft und war ganz und gar darauf angewiesen, dass Thiele ihn nicht verhungern ließ. Er war wohl ziemlich unbeholfen und obendrein noch herzkrank.

„Na, mach schon, Eugen, zieh die Kluft an. Du kannst auch helfen, ist doch mal 'ne Abwechslung, wa?", sagte Onkel Hans und verzog sein Gesicht zu einem leichten Grinsen.

„Um Gottes willen, was wollt Ihr machen?", fragte Tante Frida entsetzt.

„Was schon, Frida, denkste vielleicht, dass wir 'nen Rabbiner holen ... na also."

Tante Frida hielt sich die Hände vors Gesicht, Thiele drängte zur Eile. Ich war im Nu umgezogen. Auf der Straße vor der Haustür stand das offene Auto, es war stockdunkel und windig. Die beiden

Männer setzten sich nach vorn, ich hockte mich hinten auf einen Stapel Säcke. Am Boden konnte ich Schippen und Spaten erfühlen. Tante Frida stand neben dem Wagen und schüttelte den Kopf.

Thiele raste los, der Fahrtwind war kalt, ich bibberte, deckte mich mit den alten Säcken zu. Es kam uns kaum ein Fahrzeug entgegen, keiner sagte ein Wort. Die Fahrt mit dem Auto war aufregend, es war schon lange her, dass ich in einem Auto gesessen hatte. Die Angst verflog. Mit den beiden Männern fühlte ich mich sicher.

Nach einer Stunde erreichten wir Lehnin, und kurz darauf hielt Thiele vor seinem Grundstück. Es war so dunkel, dass ich das hinter einer Hecke gelegene Haus nicht erkennen konnte. Er und Onkel Hans stiegen aus und nahmen einen der Säcke mit. Schon nach wenigen Minuten kamen beide zurück, zwischen sich trugen sie den Sack, aus dem zwei Beine in Hosen und schwarzen Schuhen herausguckten. Die beiden Männer legten die Leiche auf den Rücksitz und setzten sich wieder nach vorn. Es ging alles völlig lautlos vor sich. Ich quetschte mich vorn zwischen sie und ab ging's. Ich war unheimlich stolz, dass ich bei dieser spannenden Aktion mitmachen durfte, und hatte das Gefühl, wichtig zu sein. Endlich wurde ich mal gebraucht und musste nicht immer nur tatenlos im Haus herumsitzen.

Die Wolken hatten sich verzogen, es war nicht mehr ganz so dunkel. Vereinzelt waren Sterne am Himmel zu sehen. Die schmalen, ledernen Lichtschlitze vor den Scheinwerfern zeigten undeutlich den Weg zu einem Kiefernwald und führten uns zwischen den dicht stehenden Bäumen hindurch. Nach kurzer Fahrt bremste Thiele am Rand einer Lichtung, stieg aus, sah sich um und winkte uns zu sich. Schnell und leise sprang ich vom Wagen, und jeder griff sich eine Schippe oder einen Spaten. Thiele markierte mit seinem Stiefel die Fläche, die ausgehoben werden sollte.

Keiner sagte ein Wort, hastig buddelten wir eine flache Grube, gerade so tief, dass die Leiche hineinpasste. Ab und zu leuchtete Thiele mit einer Taschenlampe den Boden ab. Die beiden Männer holten den Sack aus dem Auto und legten ihn in die Mulde. Ebenso hastig und wortlos wurde sie wieder zugeschippt. Zuletzt ebnete Thiele die Stelle mit seiner Joppe und strich mit einem Zweig über den sandigen Boden. Ein kurzes Aufatmen, und die Fahrt ging wieder zurück in Richtung Luckenwalde.

Als die letzten dunklen Wolken begannen, sich rot zu färben, trafen wir in der Bismarckstraße ein. Zuvor hatte uns Thiele noch in seinem Bunker einen französischen Cognac spendiert, der mir abscheulich schmeckte. Tante Frida war noch wach, sie konnte nicht schlafen. Gerade hatten wir einen alten, kranken Juden, der in seinem Versteck mutterseelenallein gestorben war, im Wald verscharrt, aber Onkel Hans nahm auch das, wie fast alles, ziemlich leicht und machte seine üblichen Scherze: „Mutter, det glaubt dir später keener, wenn du erzählst, wat wir alles haben machen müssen als Widerständler, wa?"

Tante Frida schüttelte nur den Kopf.

−15−

Die Frau war nicht groß, vielleicht 1,65, so um die 30 Jahre alt, blond, offensichtlich gefärbt, und unauffällig mit Rock und Bluse bekleidet. Der Mann neben ihr war vermutlich etwas älter, etwa 1,70 groß, stämmig, kaum Haare auf dem Kopf, ein Kranz roter Löckchen um die Platte, das Gesicht voller Sommersprossen. Er trug ein gemustertes Hemd und ausgebeulte Cordhosen. Unter den Arm hatte er eine abgewetzte Aktenmappe geklemmt. So sah ich die beiden an diesem warmen Altweibersommertag im September 1943 durch das Schlüsselloch vom Schlafzimmer aus, nachdem Tante Frida auf mehrmaliges Klingeln hin die Wohnungstür geöffnet hatte und die beiden in den kurzen Flur getreten waren. Als es schellte, war ich, wie immer in solchen Fällen, geschwind ins Schlafzimmer geeilt, hatte mich in die Ecke zwischen Kleiderschrank und Wand gezwängt und den wackligen Ständer, an dem einige Kleidungsstücke hingen, vorsichtig vor mein Versteck gezogen.

Der Mann hatte an der Tür leise gesagt, dass sie von Samuels kämen. Nun hörte ich, wie er bat, hier auf Onkel Hans warten zu dürfen.

„Na, der wird Augen machen", staunte Tante Frida und fragte: „Von Samuels kommen Sie, wo sind die denn jetzt?"

„In Theresienstadt. Wir sind im selben Transport gewesen und haben uns auf der Fahrt kennen gelernt. Günther Samuel hat mir später Ihre Adresse gegeben. Ich bin Werner Scharff und das ist meine Freundin, Fancia Grün. Wir sind aus dem Lager geflohen."

„Ich mache uns in der Küche einen Kaffee, machen Sie es sich im Wohnzimmer bequem", sagte Tante Frida nur und kam zu mir ins Schlafzimmer. „Det hat grade noch gefehlt. Jetzt schnappt der Alte vollends über. Geh ruhig raus." Tante Frida hielt mir die Tür auf und rief ins Wohnzimmer: „Der Eugen wohnt schon 'ne Weile bei uns."

„Hab mir so was schon gedacht", sagte Scharff, stand auf und gab mir die Hand.

Tante Frida stellte Kaffeegeschirr auf den Tisch, holte den Muckefuck aus der Küche und goss ein. Verlegenes Schweigen. Ich wollte so viel fragen, brachte vor Aufregung aber nichts heraus.

In die peinliche Stille kam mit einem Mal Leben. Die Wohnungstür wurde aufgeschlossen, einen Augenblick später stand Onkel Hans im Wohnzimmer. Als Tante Frida sagte: „Die beiden kommen aus Theresienstadt, von Günther Samuel, sagen sie. Er hat ihnen unsere Adresse gegeben", stand er erst mal da, starr wie eine Salzsäule, mit offenem Mund.

„Ich hab es in Berlin gehört", sagte er dann kopfschüttelnd. „Man spricht davon, dass es zweien gelungen sein soll, von dort zu türmen. Es hat sich bei den Freunden herumgesprochen wie ein Lauffeuer. Nicht zu fassen, dass Sie bei mir sind", wiederholte Onkel Hans immer wieder, dann ließ er sich auf den Stuhl fallen, stand wieder auf, klopfte beiden auf die Schulter und bat Tante Frida schließlich, ihm auch Kaffee einzuschenken. Tante Frida und ich gingen in die Küche, ließen die drei unter sich.

Erst am späten Abend verließ uns Scharff. Er wollte nach Berlin fahren. Fancia Grün blieb in dieser Nacht bei uns, und Onkel Hans ging zu einem Freund, ein paar Straßen weiter, um dort zu schlafen. Am nächsten Morgen brachte er Fancia Grün zu Paul Rosin, einem Kneipenbesitzer in Luckenwalde, und bat ihn, Fancia Grün vorübergehend in der Kneipe zu beschäftigen, ohne allerdings zu erklären, woher sie gekommen war.

An einem Nachmittag ein paar Tage nach seinem ersten Besuch kam Scharff wieder zu uns in die Bismarckstraße und wartete auf Onkel Hans, der kurz darauf, zusammen mit Fancia Grün, nach Hause kam.

Nun saßen wir alle um den von Tante Frida gedeckten Kaffeetisch und warteten, was Scharff uns zu sagen hatte. Mit energischer Stimme begann Scharff zu sprechen, er sprach von einer Organisation, er malte uns das Bild einer weitverzweigten Widerstandsgruppe, die sich aus deutschen Juden und Nichtjuden zusammensetzte.

„Du, Hans, hast viele zuverlässige Freunde, Antifaschisten, das haben sie bewiesen, als sie versucht haben, Samuels unterzubringen. Ich habe in Berlin großartige Leute, die werden alle mitmachen. Es muss endlich etwas gegen die Nazis unternommen werden, und zwar in großem Stil!"

Scharff war aufgestanden und wischte sich mit einem Tuch den Schweiß von der Stirn: „Ich kann mich nicht so frei bewegen wie du, Hans, aber du wirst sie alle einzeln aufsuchen, jedem ins Gewissen reden …"

Und dann begann er davon zu erzählen, was er im Lager erlebt und gehört hatte, wie die Juden in Theresienstadt krepierten, vor Hunger, an Krankheiten, an Quälereien.

Nach Theresienstadt wurden angeblich nur alte Menschen oder Teilnehmer am Ersten Weltkrieg deportiert oder Menschen, die sich in besonderer Weise um Deutschland verdient gemacht hatten. Hier sollten sie entsprechende Pflege und Betreuung erhalten.

Was Scharff in Theresienstadt erlebt hatte, strafte diese Erzählungen Lügen.

„Alles Schwindel, von dort gehen die Transporte in die Lager nach Polen, nach Auschwitz. Die meisten, die dorthin kommen, sind überhaupt nicht mehr in der Lage zu arbeiten, wenn sie den Transport denn überhaupt überstehen. Vieh wird besser behandelt, die Menschen werden für diese Transporte zusammengepfercht, ohne Wasser und Nahrung, ohne ausreichend Luft zum Atmen. Nach ihrer Ankunft werden die Überlebenden dann selektiert – in die, die aussehen, als ob sie noch arbeiten können, und die anderen, die gleich umgebracht werden. Man führt sie zum Duschen, nur dass es sich dabei nicht um Duschen handelt. Sie werden vergast. Und dann verbrannt. Und wer noch arbeiten kann, ist den täglichen Schikanen der SS ausgeliefert, stirbt wenig später an Hunger und Auszehrung. Es geht etwas vor, das ist unbeschreiblich", sagte Scharff mit gedämpfter Stimme, „Millionen unschuldiger Menschen, Greise, Frauen, Babys, alle werden ermordet, wie am Fließband ermordet, und was von ihnen übrig bleibt, das wird noch weiter verwertet: ihre Kleidung, ihre Habseligkeiten, sogar ihre Haare, ganze Industrieunternehmen haben sich um die Lager herum angesiedelt. Und die Welt weiß nichts davon!" Scharff redete wie aufgezogen, nicht laut, aber eindringlich, und ging dabei im Raum auf und ab.

Ich konnte nicht fassen, was Scharff uns erzählte.

„Warum werden die Juden umgebracht?", fragte ich entsetzt. „Ich dachte, sie kommen zum Arbeiten in den Osten."

„Nein, das hat man nur in die Welt gesetzt, um die Menschen einzulullen. Ein ganzes Volk wird ermordet, und niemand sieht hin, niemand tut etwas. Deutsche, ein Kulturvolk … im 20. Jahrhundert … völlig unschuldige …" Scharff presste beide Hände an seine Stirn, schüttelte heftig den Kopf.

„Ich verstehe das einfach nicht! Warum?", fragte ich nach.

„Es ist diese wahnsinnige Weltanschauung der Nazis, nach der die Juden an allem Übel in der Welt schuld sind: Nur wenn man die Juden ausrottet, wird die Menschheit glücklich." Scharff schaute mich an, als er mir antwortete.

„Und das nehmen die Menschen den Nazis ab?", fragte ich zögernd.

„Sicher nicht alle." Scharff zeigte auf Onkel Hans und Tante Frida und meinte leise: „Sonst wärst du und wären wir kaum noch hier".

Ich hatte solche furchtbaren Geschichten noch nie gehört, sie erschreckten mich, aber sie machten mir nicht nur Angst, sie machten mich begierig darauf, Scharffs Ideen zu unterstützen.

„Als Erstes brauchen wir Leute, die mitmachen wollen. Wir müssen den Menschen klar machen, dass der Krieg verloren ist, spätestens seit dem Fall von Stalingrad. Jeder, der Augen im Kopf hat, muss das doch sehen!" Sein Blick packte alle im Raum. „Man muss den Leuten sagen, dass es nur noch darum geht, zu retten, was zu retten ist, dass man nicht auf Vergeltungswaffen hoffen darf, dass die Fabriken zerstört sind, aus denen sie hätten kommen können", redete Scharff weiter.

„Und wie willst du das anstellen?", wagte Onkel Hans, eher kleinlaut, zu unterbrechen.

„Mit Flugblättern, mit Kettenbriefen, die wir in ganz Deutschland verbreiten werden … Und das ist noch nicht alles, was wir machen können. Aber erst musst du deine Freunde einweihen, die Organisation muss schnellstens stehen. Wenn das Nazipack erst vernichtet ist, werden die Leute, die mit uns mitmachen, Vorteile haben. Das kannst du ihnen versprechen. Du, Hans, wirst der Chef dieser Organisation!"

Onkel Hans, dessen „Sparverein Großer Einsatz" sich zum Ziel gesetzt hatte, illegal lebenden Juden zu helfen, sah sich nun ganz anderen, viel größeren Aufgaben gegenüber. Scharff sagte ihm klar und deutlich: Juden verstecken sei schön und gut, das allein reiche aber nicht. Seine feste Meinung war, dass Juden nur durch das schnelle Ende des Naziregimes zu retten seien.

Onkel Hans hing an Scharffs Lippen, reckte sich in seinem Stuhl, sein dünner Hals wurde länger. Fancia rutschte auf ihrem Sitz herum und blickte Scharff bewundernd von der Seite an.

Der Kerl ist 'ne Wucht, dachte ich und war begeistert von diesem Mann und von der Aussicht, an dieser großen Sache mitwirken zu dürfen.

Tante Frida war bei den letzten Sätzen leise aufgestanden und kopfschüttelnd in die Küche gegangen. Als sie an mir vorbeiging, beugte sie sich zu mir und flüsterte in mein Ohr: „Der setzt dem Alten genau den Floh in'n Kopp, der ihm noch gefehlt hat. Der wird uns noch alle reinreißen."

Aber an meiner Begeisterung für Scharff konnte auch Tante Frida nichts ändern. Jeder andere, dem die Flucht gelungen wäre, ging es mir durch den Kopf, hätte sich in ein Loch verkrochen und versucht, dort zu überleben, aber Scharff wollte den Kampf gegen die Nazis organisieren.

In der Nacht musste ich an Helga denken und an Lanze, an Carlchen und an all die anderen, die abgeholt worden waren. Ich weigerte mich immer noch, daran zu glauben, dass man alle meine Freunde, die ja keinem etwas getan hatten, einfach umbrachte oder vielleicht schon umgebracht hatte. Ich zermarterte mir mein Hirn, aber ich konnte es nicht verstehen. Man hatte den Juden ja schon alles verboten, ihnen alles weggenommen, Pelz- und Wollsachen, Haustiere, alle Wertsachen, alles Geld, ihre Wohnungen, Häuser, die Geschäfte. Das alles und andere Schikanen hatten sich die Nazis ausgedacht, um diese Menschen zu erniedrigen. Warum musste man sie noch töten? Wie konnte es möglich sein, dass ausgewachsene Menschen von so einem Schwachsinn überzeugt waren, dass man Juden umbringen musste, um das Elend in der Welt zu beseitigen?

Ich wälzte mich die ganze Nacht im Bett herum und war froh, als es hell wurde und ich aufstehen konnte.

–16–

An einem der nächsten Abende brachte Onkel Hans aus dem Amtsgericht ein Formular mit, einen so genannten Adlerbogen. Auf diesem Papier hielt der Reichsadler das Hakenkreuz in seinen Krallen. Der Bogen sah sehr amtlich aus und machte Eindruck. Onkel Hans hatte darauf eine Bescheinigung ausgestellt, dass Werner Wiczorek als Justizinspektor tätig war und sich im Auftrag des Gerichts auf Reisen befand. Dieser Wisch war für Scharff, der sich nun Wiczorek nannte. In Berlin hatte ihm ein Freund, Werner Wiczorek, seinen Personalausweis zur Verfügung gestellt. Neben dem Schrieb hatte Onkel Hans auch das Dienstsiegel mit nach Hause gebracht. Während ich mich weit über die Tischplatte beugte, um mit einem Stück Papier die Buchstaben „Luck" abzudecken, drückte Onkel Hans den Stempel mit dem lesbaren Teil „Amtsgericht...enwalde" unten rechts fest auf den Adlerbogen.

„Hier Frida, guck dir das an. Kann Freienwalde sein, Mittenwalde, Fürstenwalde oder noch viele andere -enwalde. Dufte, wa?" Onkel Hans grinste und hielt seiner Frau die Bescheinigung unter die Nase.

„Alter Spinner, haben die denn alle ein Amtsgericht?"

„Weiß ich nicht", Onkel Hans blickte mit verdrehten Augen an die Decke und hob die Schultern an.

Onkel Hans wollte es noch amtlicher haben. Wir machten uns auf den Weg zu Georg Brachmüller, der in der Breiten Straße eine Schusterei betrieb.

Onkel Hans stellte mich als denjenigen vor, der ich wirklich war, und Brachmüller riß mir vor lauter Schütteln fast den Arm aus dem Gelenk. Während Brachmüller mit seiner Ösenmaschine ein Foto von Scharff auf dem Adlerbogen festmachte, erzählte ihm Onkel Hans, wer auf dem Bild war und wie unsere weiteren Pläne aussahen. Brachmüller nickte häufig mit seinem grauen Kopf, wischte seine schwieligen Hände an seiner blauen Schürze ab, holte ein hufeisenförmiges Portemonnaie aus seiner Gesäßtasche und gab Onkel Hans einen Geldschein: „Für Porto."

Onkel Hans erzählte mir auf dem Nachhauseweg, dass Brachmüller schon für Samuels in bescheidenem Umfang Geld gespendet hatte.

Scharff nahm die Bescheinigung in Empfang, ohne auch nur eine Miene zu verziehen. Von mir wollte er ein Foto haben, das man als Passfoto verwenden konnte, und versprach, beim nächsten Besuch in der Bismarckstraße einen Ausweis für mich mitzubringen.

Tatsächlich bekam ich von ihm einen Werksausweis, hellblaue Pappe. Auf der Innenseite stand unter meinem Foto der Name Günther Hagedorn, kreisrund abgestempelt mit dem Text: Chemisch-Metallurgisches Laboratorium. Außen war der Name des Unternehmens mit voller Adresse zu lesen: C.M.L. Chemisch-Metallurgisches Laboratorium. Berlin-Schöneberg, Bahnstraße 12. Ich fühlte mich ein ganzes Stück sicherer, nachdem ich den Ausweis mit meinem neuen Namen unterschrieben hatte. Ich stellte keine Fragen, und Scharff erzählte nicht, wo er den Ausweis herhatte.

In den nächsten Tagen gingen wir daran, Onkel Hans' Freunde, die in Luckenwalde wohnten und bereits Mitglieder in seinem „Sparverein" waren, zu besuchen, um sie für die Idee zu begeistern, in einer großen Widerstandsorganisation mitzumachen. Onkel Hans nahm mich mit, sozusagen als lebenden Beweis dafür, dass schon ein Anfang gemacht worden war. Erstmal wollte er um Geldspenden oder Lebensmittel bitten und weitere Möglichkeiten für die Unterbringung von Untergetauchten auftun.

Neben Scharff, Fancia Grün und mir waren auch der geschiedene Ehemann von Fancia Grün und dessen Ehefrau untergetaucht, Gerhard und Ilse Grün. Sie versteckten sich in Berlin und der Umgebung.

Ohne mit der Wimper zu zucken, hatte Michael Schedlbauer, als es darum ging, für Samuels Lebensmittel bereitzustellen, Geld locker gemacht, Lebensmittelmarken beiseite gelegt und Konserven aus dem Bestand seiner Kantine organisiert. Er war Pächter der Kantine im großen Kriegsgefangenenlager Stalag III A am Rande von Luckenwalde und damit für die Versorgung der Wehrmachtssoldaten zuständig, die für die Bewachung eingesetzt waren.

„Los, Eugen, mach dich fein für einen Besuch bei Schedlbauer. Mich kennen die dort schon, und du hast ja den Ausweis." Ich zog das braune Hemd an, den Schulterriemen stramm und fand die Aktion klasse.

Die Wachsoldaten am Eingang prüften die Papiere nur sehr oberflächlich, als sie hörten, dass wir Onkel Hans' Freund, den Kantinenpächter, besuchen wollten. Der Werksausweis hatte seine erste Prüfung bestanden, das flaue Gefühl im Magen wich Erleichterung. Die Soldaten waren freundlich, tippten sich mit zwei Fingern an den Helm und schlurften in ihre Schilderhäuschen zurück. Auf dem Weg zu Schedlbauer musste ich an Mama denken – was sie wohl sagen würde, wenn sie wüsste, wo ich gerade war. Sie würde wahnsinnige Angst haben, schimpfen und Onkel Hans die Pest an den Hals wünschen, weil er mich mitgenommen hatte. Mir erschien inzwischen alles ganz harmlos. Wer würde schon auf die Idee kommen, dass ein von den Nazis verfolgter jüdischer Junge in Hitlerjugenduniform mir nichts dir nichts mit einem gefälschten, lächerlichen Pappausweis an Wehrmachtsposten vorbei in das größte Gefangenenlager am Ort spazierte, um den Kantinenwirt für die Mitarbeit in einer Widerstandsgruppe zu gewinnen?

Schedlbauer bediente noch einige Soldaten, die Wache geschoben hatten und nun abgelöst wurden, bevor er Bockwürste mit Senf und Brötchen und Bier vor uns auf den Tresen stellte.

Onkel Hans erwähnte nur kurz Samuels, zeigte dann auf mich und sagte grinsend: „Hier bei dem Eugen klappt es nun, der ist bei uns, aber der ist nicht der Einzige. Wir haben noch mehr, die essen müssen. Und wir haben auch sonst viel vor …" Onkel Hans sah sich um und redete nun leise auf Schedlbauer ein.

Der nickte mehrmals, trocknete sich die Hände an einem karierten Handtuch ab, kam um die Theke herum auf mich zu, drückte mir die Hand und flüsterte: „Klar mach ich mit." Dann ging er wieder zurück, zog eine Schublade auf, nahm aus einer Ledertasche Geldscheine und aus einem Ordner Lebensmittelmarken. Beides überreichte er Onkel Hans und meinte augenzwinkernd: „Mein Einstand."

–17–

Die Luftangriffe der amerikanischen und englischen Bombergeschwader auf Berlin wurden im Herbst 1943 stärker. Hunderte von Maschinen flogen Tag und Nacht über Luckenwalde in Richtung Hauptstadt, kleine, glitzernde Vögel, die am wolkenlosen Himmel lange Kondensstreifen hinter sich herzogen. Das gleichmäßige Brummen über uns ließ mein Herz vor Freude schneller schlagen. Nur selten stieg ein kleines, weißes Wölkchen auf, weit unterhalb der Maschinen, das von Flakgeschossen herrührte, die aber nichts bewirken konnten, die „fliegenden Festungen", wie wir die B52-Bomber nannten, waren zu hoch. Nachts begann kurz nach dem Alarm ein buntes Feuerwerk über Berlin, dem ich genüsslich zuschaute, denn jeder Angriff brachte mich der Befreiung näher: die bleichen Lichtstrahlen der Scheinwerfer, die den Himmel absuchten, rote und weiße Leuchtkugeln, die nach unten auseinander fielen, wie Weihnachtsbäume, von den Piloten abgeworfen, um Ziele abzustecken, und weiße Leuchtspurmunition, abgeschossen von Jägern oder Flugabwehrgeschützen. Der Himmel über Berlin war rot. Tausende von Tonnen Sprengstoff in Luftminen und Bomben fielen auf die Stadt, zerstörten Fabriken und Häuser, töteten Männer, Frauen und Kinder, die in Kellern und Schutzräumen Zuflucht suchten. Der Geruch von Verkohltem, von Rauch und Asche zog bis zu uns herüber.

An den Tagen danach wurde im Radio und auch in der Presse, wie immer, von Terrorangriffen berichtet. Im November 1940 hatte die deutsche Luftwaffe Coventry fast dem Erdboden gleichgemacht, Hitler hatte noch lauthals getönt, dass er die englischen Städte ausradieren würde. Jetzt, November 1943, sah die Lage doch ganz anders aus!

Das ständige Hinabrennen in den Luftschutzkeller, die Hausbewohner, die sie jedes Mal hasserfüllt anstarrten, dazu die Angst, im Keller zu ersticken oder verschüttet zu werden, ließen Papa und Mama den Entschluss fassen, auch nach Luckenwalde zu ziehen. Außerdem wollten sie mir endlich wieder näher sein.

Papa, der ab und zu nach Luckenwalde gekommen war, um uns in der Bismarckstraße zu besuchen, suchte eine geeignete Bleibe und fand sie in der Friedrichstraße, nicht weit vom Bahnhof, im Gasthaus Leonhard. Er mietete eine kleine Kammer in einem schon halb verfallenen Nebenbau auf dem Hof im ersten Stock, direkt unter dem flachen Dach. Der Raum war dürftig möbliert mit zwei hintereinander stehenden Bettgestellen, einem wackligen, nicht verschließbaren Kleiderschrank, einem Elektrokocher mit zwei Platten, der auf einer Waschkommode stand, sowie einem kleinen, ebenfalls wackligen Tisch mit zwei unterschiedlichen Stühlen. Die Leitung für kaltes Wasser und das kleine Klo waren im Flur und mussten auch von dem Mieter nebenan genutzt werden. Gott sei Dank war das zweite Zimmer aber unbewohnt. Die Möbel in der Belle-Alliance-Straße blieben, wo sie waren, nur Bettwäsche, Töpfe und etwas Geschirr brachte Papa nach und nach in die Luckenwalder Bruchbude.

Einige Zeit vor Weihnachten siedelten sie über. Ich war mehr als glücklich, dass ich nun beide wieder öfter sehen konnte. Papa fuhr allerdings täglich mit dem Zug nach Berlin, wo er weiterhin für eine Drogerie in Schöneberg die Buchhaltung machte. Sein Chef war ein früherer Kunde und hatte bis zum Kriegsanfang Rabattmarken von ihm bezogen. Aus alter Freundschaft hatte er Papa diesen Job angeboten.

Der Eingang zu dem Nebenbau im Hof führte durch ein breites Holztor, an der fensterlosen Seitenwand des Gasthauses vorbei. Getarnt in der HJ-Uniform von Horst besuchte ich nach Einbruch der Dunkelheit meine Eltern ziemlich oft, unbemerkt von Gästen, Wirt und Personal. Eines Abends eröffnete mir Papa, dass er im Hof der Drogerie in einem Schuppen unseren alten Dixi untergestellt hatte. Ich war überrascht, denn ich hatte angenommen, dass er schon lange von den Nazis fürs Militär „eingezogen" worden war. Feierlich erklärte mir Papa, dass er ihn mir vermache und auch dem Drogisten erklärt habe, dass das Auto nunmehr in meinen Besitz übergegangen sei und es nach Kriegsende auf mich überschrieben werden würde. Ich freute mich sehr darüber, ich war schließlich noch nicht volljährig und schon Autobesitzer! Auch wenn ich es noch nicht nutzen konnte, ich bedankte mich überschwänglich bei meinen Eltern.

Aber das Glück, wieder öfter mit den Eltern zusammen sein zu können, war nur von kurzer Dauer. Als ich nicht lange nach diesem Abend wieder zu Besuch kam, empfing mich in dem ohnehin beengten Raum der schrägen Dachkammer ein unbeschreibliches Chaos: Koffer, Kartons, Pakete, Tüten standen überall herum, auf und unter den Stühlen, auf dem Tisch und auf der Waschkommode, mitten im Zimmer. Man konnte sich nicht mehr bewegen und auch nicht sitzen. Auf den Betten lagen ausgebreitet Männer- und Frauenklamotten. Außer meinen Eltern waren noch zwei Menschen im Raum, die sich verängstigt umklammerten und sich in die äußerste Ecke verkrochen, als sie mich in der braunen Uniform eintreten sahen. Es war das alte Ehepaar Joachim.

Dr. Joachim war viele Jahre lang, bis man ihm die Zulassung weggenommen hatte, der Zahnarzt meiner Eltern gewesen. Mit seiner Frau hatte er am Bayerischen Platz gewohnt, wo er auch seine Praxis gehabt hatte. Vor einigen Wochen schon hatten sie, jeder einen Koffer mit dem Nötigsten dabei, ihre Wohnung verlassen und waren durch Berlin gestreift, von Pension zu Pension. Alle paar Tage hatten sie die Unterkunft gewechselt, so lange, bis ihr Geld alle war. Als sie dann nicht mehr aus noch ein wussten, war Dr. Joachim in seiner Verzweiflung zu Papa in die Drogerie gegangen, der die beiden mit nach Luckenwalde genommen hatte. In den letzten Tagen war Papa dann mehrmals nach Berlin gefahren und hatte einige der Koffer, die Joachims in verschiedenen Bahnhöfen bei der Gepäckaufbewahrung aufgegeben hatten, nach Luckenwalde gebracht.

Besonders Mama war völlig entnervt. Die beiden hockten den ganzen Tag in der kleinen, stickigen Bude, jammerten unaufhörlich, standen herum, gingen nicht außer Haus und konnten sich auch nicht nützlich machen. Die Stimmung war gereizt. Papa fuhr tagsüber weiter nach Berlin und kam erst spät zurück. Mama versuchte Ordnung in das Tohuwabohu zu bringen, vergeblich. Und das Schlimmste: Es sah nicht nach einer baldigen Veränderung aus.

−18−

Gereizt schlug Papa die Tür hinter sich zu und sagte geradeheraus, dass ihm dieser Kerl nicht gefalle.

Gespannt hatte ich mit Mama und den Joachims im Gasthaus auf ihn gewartet, gespannt darauf, was er zu Scharff und seinen Plänen sagen würde. Er hatte sich mit Onkel Hans und Scharff in der Kneipe von Rosin verabredet, denn er kannte Scharff noch nicht. Fancia Grün, die über dem Restaurant wohnte, war unten gewesen und hatte hinterm Tresen Bier gezapft und bedient. Onkel Hans hatte Papa darüber aufgeklärt, wer Fancia Grün war. Scharff hatte Papa erzählt, was er alles vorhatte, hatte von seinem Plan gesprochen, von einer über ganz Deutschland verbreiteten Organisation, die den Nazis den Garaus machen würde. Er hatte von den Flugblättern gesprochen, von den Kettenbriefen und den vielen anderen Aktionen.

„Die Rothaarigen sind die Schlimmsten", presste Papa undeutlich zwischen den Zähnen hervor: „Er ist viel zu unvorsichtig. Wozu will er uns alle in Gefahr bringen? Was wird das bringen, wenn er wirklich ein paar Flugblätter durch die Gegend schickt? Glaubt er, die Nazis lassen sich dadurch beeindrucken?" Und nach einer Weile meinte er kopfschüttelnd: „Unglaublich, das ist genau so, wie der kleine Moritz sich den Kampf gegen Hitler vorstellt."

„Aber Papa, hat er dir gesagt, was mit den Juden passiert?", fragte ich erregt und erzählte ihm, was Scharff berichtet hatte.

Papa nickte, er wisse es von Soldaten, sagte er leise, die an der

Ostfront gewesen waren und ihm erzählt hatten, was sie erlebt hatten. Und er hatte mit eigenen Augen gesehen, wie in Berlin am helllichten Tag Juden, alte und kranke, Männer und Frauen, Mütter mit kleinen Kindern, abgeholt und unter Schlägen auf Laster getrieben und fortgeschafft worden waren.

Die Joachims saßen gebeugt auf dem Bettrand, hielten sich bei der Hand und starrten auf den Boden. Mama war erregt und schimpfte: „Warum musste der Meschuggene nach Luckenwalde kommen? Er wird nur Zores machen. Es ging doch alles ganz gut, ohne Flugblätter und andere meschuggene Ideen. Was wird ihm noch alles einfallen? Hans wird Feuer und Flamme sein, Frida tut mir leid." Mama schüttelte verzweifelt mit ihren Händen den Kopf.

Ich war enttäuscht, auch wenn ich gut verstand, dass die Eltern sich hauptsächlich um mich Sorgen machten.

Schnell lief ich, bevor der Fliegeralarm einsetzte, wieder in die Bismarckstraße zurück.

Bald darauf gingen Onkel Hans und ich abends zu Paul Rosin, um auch ihm reinen Wein einzuschenken. Ich kannte Rosin schon vom Sehen. Wenn Horst abends dort kellnerte, begleitete ich ihn öfter oder holte ihn spät abends ab. Für Rosins war ich ein ausgebombter Vetter von Horst.

Wir nahmen an einem runden Holztisch in einer Ecke Platz. Es war der Stammtisch, der um diese Zeit noch leer war. Rosin war klein, breit, hatte einen faltigen Stiernacken, gerötete Augen, einen abgekauten, kalten Zigarrenstummel im Mundwinkel und schlurfte mit gebeugtem Rücken an unseren Tisch. Er rief Fancia zu, uns drei Pils und drei Korn zu bringen.

Ich schob meinen Korn Onkel Hans zu, der gerade dabei war, Rosin an die Familie Samuel zu erinnern: „Die hamse nach Theresienstadt jebracht, ins KZ. Wir haben Nachrichten von ihnen." Er erzählte von Scharff und seiner Flucht, kam auf die Organisation und ihre Ziele zu sprechen und endete mit den Worten: „Und du musst mitmachen. Wir brauchen dich, und wir werden dich auch nich hängen lassen, wenn du uns brauchst, spätestens wenn die janze Scheiße zu Ende jeht. Kann ja nich mehr lange dauern." Nun zeigte Onkel Hans auf mich: „Keen Vetter aus Dingsda. Wir verstecken ihn bei uns, damit de Nazis ihn nich kriejen. Und die Fancia is auch aus Theresienstadt jetürmt, zusammen mit Werner. Da staunst de, wa?", grinste Onkel Hans.

Rosin guckte mich ungläubig an und sah dann hinüber zur Theke, wo Fancia Biergläser spülte. Er schüttelte den Kopf, konnte es noch nicht fassen.

„Hans, ick will nischt damit zu tun haben." Rosin atmete schwer, schüttelte den schweren Kopf und sah mich noch immer fassungslos an.

„Für Samuels hättst et ja ooch jemacht", drängte Onkel Hans.

„Ja, Günther kannt ick ja 'ne Ewigkeit, det war 'n feiner Kerl …"

„Kiek dir den Jungen an, willste, dat er umjebracht wird, oder die fleißige Fancia, die ham doch keenem wat jetan!" Nach kurzer Pause setzte er nach: „Und die Kneipe soll doch weiterloofen, wenn allet vorbei is, oder?"

„Und, wat soll ick machen?", fragte Rosin ängstlich nach langem Schweigen.

„Wir haben noch zwee. Ein älteret Ehepaar, er is Zahnarzt, die wissen ooch nich mehr ein noch aus. Die brauchen ein Dach überm Kopf und Vollpension. Also wat is, Paule, machstet?" Onkel Hans hob die Stimme an.

„Na, jut, Hans, bring se her. Aba ick wees nich, wer se sind. Wat ick nich weiß, macht ma nich heiß."

Alle waren erleichtert, dass eine Entscheidung gefallen war. Rosin sah sich scheu nach seiner Frau um und flüsterte: „Meene Frau braucht nischt zu wissen davon. Und Werner ooch nich." Werner war einer seiner Söhne und mit Horst befreundet.

Hans nickte verständnisvoll und hieb Rosin auf den Buckel. „Paule, ick hab jewußt, dat auf dich Verlass is. Nun zum juten Ende noch 'ne Molle mit'm Kurzen."

Rosin begab sich im Watschelgang zur Theke und ließ selbst das Bier einlaufen.

Thiele holte Fancia bei Rosins ab und brachte sie zu Frau Berger. Sie wurde als eine weitere Verwandte vorgestellt, die in Wuppertal ausgebombt worden war. Willi Berger hatte seinen Urlaub beendet und war wieder nach Italien abgezogen, um die stetig vorrückenden Amerikaner aufzuhalten. Ich hatte Fancia vorher gewarnt, wegen der braunen Motorradstaffel nicht den Lokus auf dem Hof zu benutzen. Tagsüber ging Fancia weiterhin in Rosins Kneipe zum Bierzapfen.

In ihr leer gewordenes Zimmer zogen nun die Joachims ein. Trotz eines tränenreichen Abschieds und heftiger Umarmungen atmeten meine Eltern auf. Das Chaos reduzierte sich allmählich.

Auch in ihrer neuen Unterkunft verließ Dr. Joachim, ein gebeugter Mann, inzwischen sichtlich gealtert, das Zimmer kaum, sie war etwas couragierter und ging wenigstens zum Essen in die Kneipe.

–19–

Die Weihnachtstage verbrachte ich bei meinen Eltern in der Dachkammer. Tante Frida wollte versuchen, die Tage für uns etwas feierlicher zu gestalten, und backte mit viel Liebe, großer Mühe und herbeigezauberten Zutaten eine nahezu friedenszeitliche Schokoladentorte und verpackte sie weihnachtlich. Ich hoffte auf schöne, gemütliche Tage.

Der Kanonenofen verbreitete wohlige Wärme, und wir erinnerten uns daran zurück, wie schön es früher bei uns zu Hause gewesen war. Ich versuchte mir auszumalen, wie es nächstes Jahr Weihnachten sein würde. Der Krieg wäre bis dahin zu Ende. Die Alliierten waren in diesem Jahr bereits in Italien gelandet, und bis die Russen die Ukraine zurückeroberten, war nur noch eine Frage der Zeit. Die Luftangriffe auf Berlin hatten zugenommen, Hamburg lag in Schutt und Asche, alle deutschen Großstädte wurden schwer bombardiert. Das Ende war abzusehen.

„Wir und unsere Organisation", prahlte ich aus voller Überzeugung, „werden dazu beitragen, dass es noch schneller geht." Trotzdem, rechte Freude wollte nicht aufkommen.

„Oi, joi, joi", Mama stieß einen Seufzer aus und vergrub ihr Gesicht in den Händen. Sie glaubte nicht an ein rasches Ende, sie hatte große Angst, besonders wegen der neuen Entwicklung, die durch das Auftauchen von Scharff und sein ihrer Meinung nach schicksalhaftes Zusammentreffen mit Onkel Hans ausgelöst worden war. Papa versuchte zu trösten, er glaube nicht, dass Onkel

Hans große Unterstützung bei seinen Freunden erfahren würde. Wenn es allerdings anders sei, müsse man mitmachen und die Organisation mit allen Mitteln unterstützen. Das sagte Papa aus voller Überzeugung.

„Nu, gutt, Gott soll helfen." Mama trocknete ihre feucht gewordenen Augen und sagte zu Papa: „Nu, erzähl ihm schon, was gewesen is."

Im Februar, kurz nachdem ich unsere Wohnung in der Belle-Alliance-Straße zum letzten Mal betreten hatte, hatte Mama eine Aufforderung bekommen, sich in der Potsdamer Straße in einem Rüstungsbetrieb, der Granaten produzierte, zu melden. Man hatte sie, wie auch mich vorher, dienstverpflichtet. Das war neu für mich, das hatten meine Eltern mir bisher verschwiegen.

Mama lachte, als Papa erzählte, wie die anderen Arbeiterinnen sich schon bald beschwerten, weil Mama so schnell arbeitete, dass dadurch der Akkord hochgeschraubt wurde. Mama hatte sehr früh aufstehen müssen, lange und schwer arbeiten müssen, was ihr aber nichts ausmachte. Es war das erste Mal in ihrem Leben, dass sie eine Fabrik von innen gesehen hatte.

„Am 27. Februar", unterbrach Mama, „kamen die Nazis in unsere Halle marschiert, brüllten herum und drohten uns mit ihren Peitschen und Hunden." Mama hielt sich die Hände vor das Gesicht.

An diesem Tag waren alle dienstverpflichteten Juden von SS und Polizei aus den Fabriken geholt, brutal auf Lastwagen gestoßen und abtransportiert worden. Juden, die in so genannter „privilegierter Mischehe" lebten, und „Mischlinge" wurden in das Gebäude der Jüdischen Gemeinde in der Rosenstraße gekarrt und dort von der Gestapo unter unsäglichen, schlimmsten Bedingungen festgehalten. In der Mehrzahl waren es Männer.

Die nichtjüdischen Ehepartner begannen sich Sorgen zu machen, als ihre Frauen und Männer nicht nach Hause kamen, und sie hörten nicht auf, bei den verschiedensten Stellen und Behörden anzurufen und Gott und die Welt verrückt zu machten. Papa hatte bei unserem Polizeirevier angerufen, in der Jüdischen Gemeinde in der Oranienburger Straße, bei der Gestapo in der Burgstraße. Nirgendwo hatte er eine Auskunft erhalten, bis er schließlich verzweifelt bei unseren Bekannten anrief, die ebenfalls jüdische Männer oder Frauen hatten. Hier herrschte die gleiche Aufregung und Ungewissheit. Allmählich sickerte aber durch, dass ihre Ehehälften aus den Fabriken geholt worden waren und in der Rosenstraße festgehalten wurden. Es war wie ein Lauffeuer durch Berlin gegangen.

„Ich erfuhr, dass man Mama in die Rosenstraße eingeliefert hatte und machte mich sofort auf den Weg dorthin. Auf der Straße vor dem Haus der Jüdischen Gemeinde hatte sich schon eine größere Menschenmenge versammelt, fast alles Frauen, die laut skandierten: ‚Wir wollen unsere Männer haben.' Im Laufe des Abends und der Nacht wurden wir immer mehr. Viele gingen für die Nacht nach Hause, kamen aber am nächsten Morgen wieder und brachten weitere Verwandte mit. Ich blieb die ganze Nacht und den folgenden Tag dort. Von Zeit zu Zeit kamen SS-Leute heraus und versuchten, uns wegzujagen."

Die SS- und Gestapobeamten hatten gedroht, mit Gewehren in die Menge zu schießen. Aber die Frauen und die wenigen Männer ließen sich nicht abhalten, weiter zu demonstrieren.

Am 4. März wurde ein Maschinengewehr in Stellung gebracht. Viele Demonstranten flohen daraufhin, kamen aber später wieder zurück. Papa hatte sich in einem Hausflur versteckt.

Das Maschinengewehr wurde abgebaut. Die Leute brüllten weiter, riefen jetzt: „Ihr Mörder!"

Ein Wunder geschah. Die SS zog sich zurück. „Einen Tag später wurden alle in der Rosenstraße Inhaftierten freigelassen, auch Mama", beendete Papa die Erzählung.

Er setzte sich zu Mama aufs Bett und umarmte sie. Ich setzte mich auf die andere Seite und küsste beide ab. Mama weinte in ihr Taschentuch.

Das war das erste Mal, dass Menschen gemeinsam erfolgreich gegen die Nazis demonstriert hatten, soweit ich wusste.

Von der „Fabrikaktion", bei der die Juden aus den Betrieben geholt wurden, hatte ich schon vorher gehört, Scharff hatte davon erzählt. Sein Bruder war, am gleichen Tag wie Mama, aus einem Berliner Rüstungsbetrieb, in dem er zwangsverpflichtet worden war, herausgeholt und in ein Sammellager gebracht worden.

Scharff hatte zu dieser Zeit noch als Elektriker in der Jüdischen Gemeinde gearbeitet. Er brachte bald in Erfahrung, dass sein Bruder in dem ehemaligen Ballhaus Clou festgehalten wurde. Er hatte auch gehört, dass die Transporte in den Osten sehr schnell zusammengestellt und durchgeführt werden sollten. Einige Tage später, Anfang März, fuhr Scharff in voller Montur, blau verschmierter Latzhose, Arbeitsjacke, Strickmütze und schwarzen, dicken Schuhen, zum Ballhaus Clou. In der einen Hand hielt er die abgewetzte Werkzeugtasche und eine Kabelrolle, mit der anderen hielt er die Holzleiter fest, die er über der Schulter trug. Er stieg an der Station Französische Straße aus der U-Bahn und lief die Mauerstraße entlang bis zum Clou. Kurz davor machte er Halt, steckte sich den kalten Zigarrenstummel an, der zwischen seinen Lippen hing, und lief langsam an dem SS-Mann vorbei, der in der offenen Pförtnerloge saß, nuschelte etwas vor sich hin, das sich wie „Heil Hitler" anhören sollte, und stapfte gemächlich die Treppen hoch. Von einem langen Gang gingen mehrere Türen ab, die nur angelehnt waren. Dahinter hörte er Stimmen, Frauen und Männer redeten durcheinander. Er stieß die Tür auf, niemand nahm von ihm Notiz. Die Leute standen in Gruppen, redeten, gestikulierten, flüsterten, weinten, einige hielten die Hände gefaltet, beteten, andere saßen am Boden, stierten vor sich hin, schluchzten leise. Scharff kümmerte sich nicht um sie, untersuchte die Schalter, besah sich die Steckdosen, ging zum nächsten Raum. Hier fand er seinen Bruder.

Scharff nahm die Leiter über die Schulter, drehte sich so, dass er mit einem Holm in den Rücken von Stephan stieß. Der sah sich um, begriff, schlenderte langsam nach draußen auf den Flur, gefolgt von Scharff, der sich umständlich die wieder erkaltete Zigarre anzündete. Sie liefen beide langsam bis zur Herrentoilette. Scharff hielt seinem Bruder die Ledertasche hin, und einige Minuten später kam Stephan, verkleidet als Elektriker, heraus.

Scharff scheuchte seinen Bruder die Treppen hinunter, schlug ihm auf den Hinterkopf und schimpfte unaufhörlich über die Stifte, die nichts anderes im Kopp hätten, als die Weiber. „Faules Pack, heutzutage, verdammte Bummelei…" Noch einen Schlag mit der flachen Hand ins Genick, und mit einem Blick auf den Posten rief Scharff: „Zum Kotzen mit den Bengels, nichts wie Firlefanz im Hirn…", und beide waren draußen.

Ich war beeindruckt von der Kaltblütigkeit, mit der Scharff seinen Bruder befreit hatte. Und ich war froh, dass meine Eltern mir erst jetzt von der Fabrikaktion erzählt hatten. Ich hätte mir furchtbare Sorgen um Mama gemacht, und was hätte ich, in Blankenburg bei Horns, auch tun sollen, können?

−20−

Mitte Januar brachte Onkel Hans die Nachricht mit nach Haus, dass sie – er, Scharff, Fancia und Rosin – entschieden hatten, nun endlich mit dem Versand von Flugblättern zu beginnen, so schnell wie möglich.

Matrizen, Saugpost zum Abziehen der Matrizen, Umschläge, Briefmarken und alles weitere Notwendige musste besorgt werden. Und das Wichtigste: Ein Abzugsapparat musste her. Bis es soweit war, wollte Scharff in Berlin Kettenbriefe mit der Schreibmaschine tippen lassen, um nicht noch mehr Zeit zu verlieren.

„Endlich geht's los!", jubelte ich und hätte am liebsten sofort angefangen.

Onkel Hans hatte auch gleich eine Idee, wo wir das Material bekommen könnten. Er nahm mich wieder mit, wir gingen am nächsten Abend in die Friedrichstraße zur Schlachterei Landes.

„Waren früher eingefleischte Nazis", klärte Onkel Hans mich auf, als wir vor dem eingeschossigen, grauen Haus standen, der Laden war schon geschlossen. „Die alte Landes und die beiden Söhne. Ist heute anders. Henry, der älteste Sohn, er ist so Mitte 30, war auch mit Samuels befreundet und hätte mitgemacht damals mit Wurst, Fleisch, Lebensmitteln, er hätte auch Geld gespendet. Henry schiebt 'ne ruhige Kugel im Wehrmeldeamt in Jüterbog, hat als Soldat noch nie 'ne Front gesehen. Bin gespannt, ob er heute wieder mitmacht."

Henry Landes wohnte über dem Fleischerladen in einer kleinen, gemütlichen Wohnung, ein Zimmer, Bad und Küche. Er war so groß und stark, dass ich das Gefühl hatte, er könnte mit der bloßen Faust einen Ochsen erschlagen. Seine Kurzsichtigkeit – er trug eine Brille mit dicken, gelblichen Gläsern – war wahrscheinlich mit ein Grund dafür, dass er nur Heimatdienst zu machen brauchte. Landes hatte noch die Kommissstiefel an, seine grauen Reithosen hingen an Hosenträgern über einem verschwitzten, kragenlosen Hemd, als Onkel Hans ihm von der Organisation erzählte, die im Werden war.

Mit einem Mal stutzte Henry Landes, sein Blick blieb verwundert an mir kleben, er dachte sich wahrscheinlich, was hat ein Hitlerjunge bei einem solchen Gespräch zu suchen.

„Mach dir keene Sorgen", Onkel Hans spürte, was in Landes Kopf vor sich ging, „det is eener von vielen, die wir noch retten wollen, Henry, eener wie de Samuels waren. Wat is, kannsten 'ne Weile bei dir unterbringen? Bei uns is et 'n bisken enge uff de Dauer."

Der bullige Henry sah mich von oben bis unten an, legte seine Pranken auf meine Schultern und grinste: „Wenn et dir nicht zu langweilig is, janz alleine den janzen Tag, allerdings nur die nächste Woche, dann muss ick weg für 'ne längere Zeit, und meene Mutter und meen Bruder brauchen dich nicht zu sehen. Die haben zwar ooch de Schnauze gestrichen voll von Adolf und seine Bagage, aber trotzdem, die kriegen vielleicht Angst."

Ich nickte traurig, ich wäre lieber bei Tante Frida geblieben.

„Jut", sagte Onkel Hans, „det is prima, aber wir wollen ville mehr von dir. Ick hab dir erzählt von den Kettenbriefen, die wir über det janze Reich verteilen wollen. Dazu brauchen wir Papier, Umschläge, Matrizen, und wir möchten ooch Wehrpässe haben für Leute, die ohne soon Ding uffallen würden." Onkel Hans setzte sich in den weichen Sessel, streckte die Beine aus und blickte Landes, der vor ihm stand, erwartungsvoll ins Gesicht.

Landes zuckte keineswegs zusammen, stattdessen holte er eine dicke Zigarre aus einem Schrank, gab Onkel Hans auch eine und begann zu paffen. Nach den ersten Zügen lehnte er sich an den Türrahmen und meinte grinsend: „Ick gloob, det kann ick alles besorgen."

Onkel Hans konnte sich nicht verkneifen, mit öliger Stimme zu betonen, dass er dann auch dafür sorgen würde, dass die Metzgerei, wenn alles zusammengebrochen war, erhalten bliebe.

Ich staunte Bauklötzer. Wie wollte dieser Bulle das alles im Wehrmeldeamt klauen?

Aber Landes lieferte schon ein paar Tage später Tausende von Umschlägen, gebündelt in Kartons, Pakete voll mit Saugpost, Matrizen, alles, was wir haben wollten, in der Bismarckstraße ab.

Tante Frida wusste gar nicht, wohin damit in der engen Wohnung, sie brachte erst mal alles in den Keller.

Am nächsten Tag kam Landes spät abends wieder und gab Onkel Hans ein verschnürtes Päckchen mit einem Dutzend nagelneuer Wehrpässe und holte dann aus einer Tasche seiner Uniformjacke einen runden Stempel und knallte den auf ein Stück Papier. Wir lasen, ohne den Inhalt der Worte zu verstehen: „Frei – durch Ablösung Reich".

„Wat soll det heißen?", fragte Onkel Hans erstaunt.

„Det is 'n Freistempel für de Post. Det heißt, dat wa keen Porto bezahlen brauchen. Det Porto zahlt det Reich. Vastehste jetzt?"

„Mensch, Henry, det is 'n Ding. Henry, du bist der Größte." Onkel Hans haute Landes kräftig auf die Schulter und sprang vor Freude fast an die Decke.

An diesem Abend packte ich wieder mal mein braunes Köfferchen und ging zusammen mit Landes in seine Wohnung. Er gab mir ein Laken, das ich auf der zweiten Liege in seinem Wohnzimmer ausbreitete, ein großes Kissen und mehrere Wolldecken. Dann erklärte er mir sein Radio, das in einem gewaltigen Musikschrank steckte, in dem auch eine Bar abgeteilt war, bestens gefüllt. Er bot mir einiges daraus an, aber ich machte mir nichts aus Alkohol. Er selbst goß sich einen Schwenker Cognac ein.

„Wennet janz leise einstellst, am besten, du legst dir 'ne Decke übern Kopp, kannste allet hören. Musste suchen ... so, wa." Landes suchte und fand den Soldatensender Calais. Lale Andersen: „Lili Marlen". Was anderes gab es schon fast nicht mehr zu hören.

Als ich am nächsten Morgen wach wurde, war Landes schon fort. Auf einem kleinen Tisch stand ein großer Teller mit viel Wurst, verschiedene Sorten, ein gebratenes Kotelett, eine Flasche Bier und Brot. Landes hatte mir am Abend noch gesagt, dass ich nicht besonders vorsichtig zu sein bräuchte, die Leute im Laden wüssten nie, ob er da war oder nicht, es würde bestimmt niemand hochkommen. Den Vorhang vor dem Fenster ließ ich trotzdem zu, der Raum blieb duster.

Die Woche verging in endloser Langeweile. Täglich die gleiche Wurst, zu Mittag das kalte, gebratene Schnitzel, Bier, das ich nicht trank. Wenn ich Durst hatte, ging ich in das Badezimmer und trank dort Wasser aus dem Hahn. Irgendetwas Lesbares konnte ich nicht finden. Zum Reden wartete ich, bis Landes abends nach Haus kam. Aber besonders gesprächig war er nicht. Er hängte seine Klamotten über die Stuhllehne, schob sich den Stiefelknecht heran und zerrte sich die Schaftstiefel von den Beinen. Dann schob er sich Mengen von Wurst rein, trank meistens drei bis vier Flaschen Bier, goß ein paar Schnäpse hinterher, hörte noch eine Weile Zarah Leander oder Marika Röck, zog sich aus und fing schon bald an zu schnarchen.

Von Papa und Mama hörte ich in dieser Woche nichts. Auch im Radio gab es nichts Aufregendes in diesen Februartagen.

Als Onkel Hans mich eines Abends wieder abholte, war ich überglücklich – es ging wieder nach Hause, zu Tante Frida. Ich bedankte mich herzlich bei Landes, der eine Woche lang sein kleines Zimmer mit mir geteilt, der mir so viel zu essen gegeben hatte, wie andere Menschen sicher nicht im ganzen Monat bekamen. Er ließ es sich nicht nehmen, als er uns hinausbegleitete, rasch noch in den schon geschlossenen Laden und in den dahinter gelegenen Kühlraum zu gehen, ein großes Paket in braunes Packpapier zu schnüren und uns in die Hand zu drücken. Ich konnte in den nächsten Tagen allerdings keine Wurst mehr sehen.

In der Bismarckstraße empfing mich die vertraute Enge, aber niemand meckerte. Ruth ging früh zur Schule, und Horst fuhr nach Jüterbog, wo er vor kurzem eine Lehre als Verkäufer in einem Eisenwarenladen angefangen hatte. Onkel Hans ging ins Gericht, ich blieb mit Tante Frida allein und beschäftigte mich, wie meistens, mit Laubsägearbeiten. Vor der Schließung der jüdischen Schule hatte uns für den Werkunterricht eine Schreinerwerkstatt am Hackeschen Markt zur Verfügung gestanden, wo wir uns an so einfachen Gegenständen wie Serviettenständern und Brieföffnern versucht hatten. Hier in Luckenwalde wagte ich mich an kleinere Figuren, die man als Schlüsselaufhänger oder Kleiderhaken benutzen konnte.

Scharff, der ständig zwischen Luckenwalde und Berlin hin- und herpendelte, um seine alten Freunde in Berlin zum Mitmachen zu bewegen, kam wie angekündigt mit einer Aktentasche voll Flugblätter, die er in Berlin mit Schreibmaschine hatte tippen lassen, zu uns. Das Flugblatt hatte den Titel: „Zum Überdenken – Feind hört mit".

Die großen, auffälligen Plakate mit dem Schattenmann, die überall in Postämtern, Rathäusern und Schaufenstern, an Litfassäulen und Hauswänden hingen, kannte jedes Kind. Unter der schwarzen Figur, die schräg auf dem Plakat zu sehen war, stand „Pst, Feind hört mit." In Anlehnung an diese Plakate wollten wir unsere Flugblätter gestalten, dann würden die Empfänger nicht sofort ein regierungsfeindliches Flugblatt darin erkennen.

Ich sollte einen Stempel von diesem Schattenmann basteln, durch meine Laubsägearbeiten war ich dafür prädestiniert. Auf Zigarrenkistenholz, wie ich es meistens für meine Arbeiten benutzte, zeichnete ich die Figur in etwa sechs Zentimetern Größe, sägte sie aus und beklebte sie mit Gummi, das ich aus einem alten Fahrradschlauch schnitt, danach bearbeitete ich sie mit einer Raspel. Ein Bauklötzchen aus Ruths nicht mehr gebrauchtem Spielzeugkasten wurde aufgeleimt und diente als Griff. Das Stempelkissen musste mehrfach getränkt werden, aber dann machte sich der Schattenmann auf der linken oberen Ecke der Flugblätter ganz gut.

Während wir den Inhalt des Flugblatts diskutierten, in dem der Verlauf der Front, wie er von ausländischen Sendern verbreitet wurde, und die Aussichtslosigkeit eines deutschen Sieges nach der Schlappe von Stalingrad beschrieben wurden, bemerkte Onkel Hans erstaunt, dass kein Wort von der Deportation und Ermordung der Juden darin enthalten war.

Aber Scharff lehnte einen Hinweis auf die Judenvernichtung kategorisch ab, er befürchtete, die Nazis könnten das zum Vorwand nehmen, an den in ihrem Gewahrsam befindlichen Juden Rache zu nehmen.

Als Horst am Abend nach Hause kam, zeigte ich ihm den Stempel. Er probierte ihn mehrmals aus, lief in den Keller, kam mit einem kleinen Block gummierten Papiers zurück und drückte den Stempel auf das oberste Blatt. Onkel Hans kam dazu, nahm einen Stift, schrieb unter den Schattenmann „Pst ... Hitler verrecke!" und grinste.

Es war wie eine stumme Übereinkunft. Ich zog Horsts Uniform an, und er schrieb unter jeden gestempelten Schattenmann den Text. Dann verließen wir die Wohnung. Es war stockdunkel und saukalt, niemand war auf den Straßen. Wir liefen stadtauswärts. Am ersten Briefkasten klebten wir an jede Seite einen Schattenmann. Laternenmasten, Lattenzäune und Haustüren folgten. Auf der anderen Straßenseite gingen wir zurück. Niemand kam uns entgegen, niemand sah uns.

Wir machten solche Aktionen noch ein paar Mal, bis Tante Frida uns auf die Schliche kam. Erst schimpfte sie furchtbar, dann bat sie fast flehentlich, diese gefährlichen Spielchen zu lassen. Wir mussten es ihr in die Hand versprechen.

Ich hatte Horst gedrängt, in dem Eisenwarenladen in Jüterborg, wo er seine Lehre machte, für meine Basteleien Laubsägeblätter mitgehen zu lassen, die gingen mir allmählich aus, und, wenn möglich, auch ein paar Bogen Sandpapier. Horst tat mir den Gefallen.

Doch als er zum Feierabend den Laden verlassen wollte, lauerte der Chef ihm auf, nahm ihm Sandpapier und Sägeblätter ab, gab ihm eine schallende Ohrfeige und warf ihn raus.

Onkel Hans nahm den Rausschmiss gelassen hin, Tante Frida war sehr traurig, und ich fühlte mich schuldig, weil ich Horst zum Stehlen angestiftet hatte. Ich lief noch am selben Abend rüber zum Gasthaus Leonhardt und erzählte den Eltern, was vorgefallen war.

Am nächsten Morgen fuhr Papa nach Jüterbog, bat den Eisenwarenhändler inständig, die Entlassung zurückzunehmen, wollte alles bezahlen und stellte den Diebstahl als einen dummen Jungenstreich hin. Alles vergebens, der Mann ließ sich nicht erweichen.

–21–

Ende Januar nahm Onkel Hans mich am späten Nachmittag mit in die Kneipe von Rosin, Scharff hatte uns eingeladen. In dem noch fast leeren Gasthaus saßen schon Scharff und Fancia in der Ecke am Stammtisch. Rosin bewegte sich gerade mit schlurfenden Schritten auf den runden Tisch zu, als wir mit erhobenem Arm und „Heil Hitler" murmelnd Platz nahmen. Ida Rosin, Rosins Frau, korpulent und etwa im gleichen Alter wie ihr Mann, trug ein Tablett herbei und stellte vor jeden von uns ein Pils. Mit einer schroffen Handbewegung scheuchte Rosin seine Frau weg, die sich ohne Aufforderung nicht mehr bei uns blicken ließ.

Nach einer kurzen Begrüßung kam Scharff sofort zur Sache: „Freunde, ich denke, die Vorbereitungszeit ist vorbei. Wir haben jetzt genügend Leute, hier und in Berlin, um in großem Stil unsere Aktivitäten zu beginnen. Landes hat massenhaft Material besorgt. Hans sorgt dafür, dass wir in den nächsten Tagen einen Abzugsapparat bekommen, und dann geht's los! Das Einzige, was uns noch fehlt, ist ein Name für unsere Organisation. Ich habe bereits darüber nachgedacht und schlage euch Folgendes vor: ‚Gemeinschaft für Frieden und Aufbau'!"

Ein Augenblick Ruhe, alle dachten nach, dann gemeinsames Nicken, Zustimmung.

„Der Name drückt unser Programm aus. Er ist neutral, lässt keine Partei dahinter vermuten, vor allem keine Juden. Ich bringe in den nächsten Tagen einen Textentwurf für die Kettenbriefe mit.

Inhalt muss immer sein, dass wir für den sofortigen Frieden kämpfen. Außerdem eine Aufforderung, den Kettenbrief zehn Mal abzuschreiben und weiterzuverschicken. Es muss eine ganz große Wellenbewegung entstehen ..." Scharff redete weiter. Ich konnte mich kaum von ihm wegreißen, meine Begeisterung für ihn und seine Ideen wuchs mit jedem Wort aus seinem Mund.

Abschließend besprachen wir einige Kleinigkeiten, Onkel Hans sollte Scharff Umschläge mitgeben, die er in Berlin adressieren lassen wollte, und Geld für Briefmarken.

Rosin sah sich nervös im Lokal um, ihm schien alles ein bisschen zu schnell zu gehen, er hätte sich mehr Zeit zum Überlegen gewünscht. Wir bemerkten, dass der Raum sich mit braun uniformierten Männern verschiedener Altersstufen füllte. Auch Hitlerjungen und BDM-Mädchen drängelten sich durch die Menge zur Theke. Die Tische waren im Nu alle besetzt, viele SA-Leute standen herum, in kleinen Gruppen, blieben in der offenen Tür stehen, versuchten noch in den warmen Raum zu drängen, begrüßten sich lauthals, tranken Bier, qualmten.

Fancia eilte zum Tresen, schenkte Bier ein, Rosin zwängte sich durch die Menschen, versuchte mit vollen Gläsern die Gäste zu bedienen.

Ich hatte erst ziemlichen Schiss, als ich die vielen braunen Bonzen sah, beruhigte mich aber schnell, als ich feststellte, dass alle wie gebannt auf das Radiogerät schauten und niemand uns beachtete.

„Paul, mach's Radio an, der Führer spricht gleich", rief jemand nach vorn.

Wir hatten vergessen, dass es der 30. Januar war, der Jahrestag von Hitlers Machtergreifung, und dass Adolf diese Gelegenheit wahrnehmen würde, eine Rede zu halten.

„Auch das noch", flüsterte Onkel Hans und grinste übers ganze

Gesicht. In dem Moment, als Hitler mit ‚Volksgenossinnen und Volksgenossen' seine Rede begann, wurde es mäuschenstill, alle starrten auf den viereckigen, schwarzen Volksempfänger in dem Regal hinter der Theke.

Wir lauschten ebenfalls und fielen jedes Mal in die donnernden Bravorufe mit ein. Es kam mir vor wie eine Ewigkeit, aber wir mussten mitmachen bis zum bitteren Ende, um nicht aufzufallen: aufstehen, klatschen, lang anhaltender Beifallssturm, mit erhobenem Arm aus voller Kehle singen: „Die Fahne hoch", und gleich danach: „Deuutschland, Deuutschland, ü-ber a-a-lles ..." Ich war aufgeregt, sang wahrscheinlich zu laut, hoffte, dass mich keiner der Hitlerjungen anquatschte. Die Aufregung war umsonst, die Jungen und Mädchen waren die Ersten, die draußen waren.

Nur langsam leerte sich die verqualmte Bude, wir atmeten erleichtert auf. Auf dem Nachhauseweg durch die stockdunkle Nacht prustete Onkel Hans immer wieder los, auch ich kringelte mich vor Lachen. Scharff und Fancia Grün übernachteten im Gasthaus bei Rosin.

Tante Frida wartete schon an der Tür und schlug sich mit der flachen Hand an die Stirn, schimpfte, als sie hörte, in welche Situation wir uns gebracht hatten: „Ihr seid doch total übergeschnappt, Alter, dieser Leichtsinn ist doch verrückt. Du und der Scharff, ihr bringt uns noch alle in Teufels Küche. Wozu müsst ihr euren Scheiß ausgerechnet in Rosins Kneipe bequatschen, und dann noch am 30. Januar. Sag mal, Alter, denkst du überhaupt nicht an die Kinder?"

Ich hatte Tante Frida noch nie so erregt gesehen. Onkel Hans ging auf ihre Frage gar nicht ein, setzte sein maliziöses Lächeln auf und erwiderte salbungsvoll: „Mutter, das ist die beste Tarnung, wenn wir unter den Augen der Öffentlichkeit unsere Strategien planen ..."

Tante Frida unterbrach ihn, verdrehte die Augen, sah an die Decke und stöhnte: „Mein Gott, was hab ich bloß verbrochen, dass ich mit so einem Irren zusammen bin."

Ich musste lachen. Obwohl mir mehrmals in der Kneipe blümerant geworden war, war ich doch auf Onkel Hans' Seite.

Am nächsten Morgen – Onkel Hans war schon zum Dienst ins Amtsgericht gegangen – kam Scharff, um die Kuverts zu holen. Bei dieser Gelegenheit fragte ich ihn, ob er denn gar keine Angst hatte, wenn er nach Berlin fuhr, und dass ziemlich oft.

„Wie du siehst, Eugen, gehe ich nie ohne diese Tasche aus dem Haus", erklärte er mir und hielt mir seine braune, schäbige, lederne Aktenmappe unter die Nase. Er drehte sie so, dass ich die Unterseite sehen konnte, an der ein kleiner, dunkler Klingelknopf befestigt war. „Wenn du nicht auf der Stelle Reißaus nimmst, drück ich auf den Knopf." Er schmunzelte und kniff ein Auge zu. „Da ist eine ungeheuer starke Höllenmaschine drin…"

Ich fand die Idee großartig, aber als ich sie Tante Frida erzählte, schüttelte sie wieder nur den Kopf und meinte ärgerlich: „Die tun alle so, als wenn sie Räuber und Gendarm spielen. Doch so spaßig ist das gar nicht."

Onkel Hans brachte am Abend wichtige Neuigkeiten mit: Er hatte sich bei Rosin mit Günther Naumann getroffen. Naumann war etwas älter als ich, 22, und als Soldat in Russland gewesen. 1943 war er schwer verwundet entlassen worden, nicht mehr kriegsverwendungsfähig, und arbeitete mit seiner jungen Frau in dem elterlichen Betrieb, einer kleinen Scharnierfabrik in der Potsdamer Straße. Günther war damals sofort bereit gewesen, den Samuels zu helfen, und wurde von Onkel Hans als Mitglied des „Sparvereins Großer Einsatz" geführt.

Naumann hatte etwas, das wir nun dringend benötigten – einen Abzugsapparat. Als Onkel Hans ihn von unseren Plänen und der Gründung der „Gemeinschaft für Frieden und Aufbau" erzählte, war er wieder sofort bereit, mitzumachen.

Außerdem brachte er Joachims bei sich unter, die sich im Gästezimmer bei Rosins sehr davor fürchteten, aufzufliegen – sie zogen in die Potsdamer Straße in die Scharnierfabrik zu Naumanns, bekamen unterm Dach ein kleines Zimmer mit „Vollpension" und konnten sich tagsüber neben der Beschriftung von Umschlägen mit dem Sortieren von Schrauben und Schräubchen beschäftigen. Naumanns Eltern, überzeugte Sozialdemokraten, wussten Bescheid.

Fancia wanderte wieder zurück in die Kneipe und verließ die heiße Unterkunft über dem SA-Motorradsturm bei der netten, aber unwissenden Frau Berger.

Als sich Papa in den ersten Februartagen von der Drogerie in Schöneberg zur Belle-Alliance-Straße aufmachte, um nach den schweren Luftangriffen der letzten Tage und Nächte nach eventuellen Schäden zu sehen, stand er vor einem rauchenden Trümmerhaufen. Einige Mauerreste mit Fensteröffnungen ragten noch in den grauen Himmel. Papa stieg nicht über die Berge voll Schutt und Geröll, verkohltem Holz und verbogenem Stahl, er hatte genug gesehen.

Eine alte Frau, gegen die Kälte nur notdürftig in Decken gehüllt, kam aus einem der nebenstehenden Häuser, die nur gering beschädigt waren, heraus und sagte ihm, dass in der Nacht zum 30. Januar eine Luftmine das Haus Nummer 31 völlig zerstört hatte. Die Menschen in den Luftschutzräumen, die verschüttet worden waren, hatten mit Hilfe der Feuerwehrleute und einiger freiwilliger Helfer alle gerettet werden können.

In dieser Nacht waren nicht nur unsere Möbel in die Binsen gegangen, sondern auch die Antiquitäten, die Salomons den Eltern zur Aufbewahrung gegeben hatten.

Um weiterhin ganz offiziell einen Wohnsitz in Berlin zu haben, mietete Papa für sich und Mama eine kleine Wohnung in der Nähe an. Die Wohnung betrat er nie, als er einige Zeit später den Briefkasten leerte, fand er einen Gestellungsbefehl zur „Organisation Todt", die für Arbeitseinsätze zuständig war.

Papa schrieb dem Absender einen Brief, dass man mit seinem Erscheinen nicht zu rechnen brauche, da er für sich und seine Frau keine Zukunft mehr sehe und aus dem Leben scheiden werde.

Von nun an lebten beide illegal in der Dachkammer im Gasthaus Leonhardt, wo sie sich ursprünglich als kurzfristige Übernachtungsgäste angemeldet hatten. Was in diesem Kabuff an Wäsche, Geschirr, Klamotten und anderen Kinkerlitzchen hing, lag und stand oder in Koffern, Kisten und Kartons verpackt war, war nun unsere komplette Habe. Papa fuhr allerdings weiterhin täglich nach Berlin und ging seiner Arbeit in der Drogerie nach.

–22–

Anfang April war der erste Schwung Flugblätter fertig, Naumann und seine Frau hatten Nacht für Nacht im Keller ihres Betriebs Tausende von Kopien abgezogen. Die Briefe verstauten wir unter meinem Bett im Wohnzimmer.

In den nächsten Tagen kuvertierten wir Hunderte, Tausende von Kettenbriefen. Onkel Hans und Papa hatten auf den Hauptpostämtern in Berlin Seiten voller Adressen aus Telefonbüchern herausgerissen, die Adressen schrieben wir ab und machten die Briefe versandfertig. Sie gingen an Adressen im ganzen Reich. Die meisten Briefe wurden dann von verschiedenen Bezirken in Berlin aus abgeschickt.

Die Flugblätter enthielten die Aufforderung, die Texte abzuschreiben und weiterzuversenden. Onkel Hans kam auf die Idee, zu testen, ob die Empfänger das auch tun würden. Er hatte in Berlin einen entfernten Verwandten, Walter Klatt, der in der Straußberger Straße wohnte. Klatt war Arbeiter in einer Maschinenfabrik und Parteimitglied, war in der Parteihierarchie aber nicht höher als bis zum Blockwart gestiegen. Inzwischen hatte er sich von den Nazis distanziert und war nur zu bereit, Onkel Hans zu helfen, auch vor dem Hintergrund, dass ihm das nach dem Zusammenbruch sicher nützlich sein würde.

Onkel Hans erzählte ihm von unserer Organisation und zeigte ihm bei einem Besuch in Berlin unseren Kettenbrief. Er hatte vor, an alle Haushalte von Klatts Block, ungefähr hundert, Kettenbriefe zu verschicken, in unterschiedlichen Kuverts, einige weiß, andere grau, einige lang, andere quadratisch, einige frankiert, andere als Drucksache beschriftet, sodass niemand einen Zusammenhang zwischen den Briefen erkennen konnte. Klatt sollte dann zu seinem Ortsgruppenleiter gehen und ihm „seinen" Brief zeigen. Der würde von ihm natürlich verlangen, die Briefe wieder einzusammeln. Und wir wüssten, wer die Briefe abgegeben, wer sie behalten hatte.

Ein jüdisches Mädchen, das in Berlin von Scharffs Freunden untergebracht worden war, sollte die Liste von Klatt dann abholen. Onkel Hans hatte Hilde Bromberg in Berlin kennen gelernt und erzählte begeistert von ihr. Sie war 20, also etwas älter als ich. Ich hätte sie gerne einmal kennen gelernt, aber Onkel Hans nahm sie nie nach Luckenwalde mit. Vermutlich ahnte er, dass Tante Frida ihm gehörig den Kopf gewaschen hätte.

Genau wie wir es uns gedacht hatten, so kam es auch. Der Ortsgruppenleiter bekam einen Wutanfall und bläute Klatt ein, jedem, der es wagen sollte, diese volksverhetzenden Schriften nicht abzugeben, im Namen des Reichsführers der SS Heinrich Himmler hohe Strafen anzudrohen. Zehn der hundert Bewohner behaupteten, den Brief nicht erhalten oder die Post schon, bevor Klatt sie einsammelte, vernichtet zu haben. Das war kein sehr gutes Ergebnis, zumal wir nicht davon ausgehen konnten, dass diese 10 Prozent die Kettenbriefe auch abschreiben und weitersenden würden.

Wir beschlossen, einen neuen Kettenbrief in weit höherer Auflage abzuziehen und über das ganze Reich zu versenden. In dem neuen Text mit der Überschrift „Generalmobilmachung" wurde zum ersten Mal als Absender im Briefkopf die „Gemeinschaft für Frieden und Aufbau" erwähnt; darunter stand „Reichsführung München", wodurch der Eindruck erweckt werden sollte, es handele sich um eine über ganz Deutschland verbreitete Organisation. Wir wiesen darauf hin, dass die Lage aussichtslos war, dass die Invasionsheere zum Einfall bereitstanden, Deutschland keine Vergeltungswaffen hatte, da aus zerstörten Fabriken keine Wunderwaffen zu erwarten waren, und dass nur durch einen sofortigen Frieden Lüge und Mord der Nazis beendet werden konnten. An den Schluss setzten wir wieder den Aufruf zum passiven Widerstand und die Aufforderung, den Text zehn Mal abzuschreiben und weiterzuverschicken.

Onkel Hans fuhr mehrmals nach Berlin, um an den verschiedensten Ecken der Stadt Hunderte von Postsendungen in die Briefkästen zu werfen. Ruth nahm er öfters mit, in ihrem Puppenkoffer, der bei Freunden immer wieder aufgefüllt wurde, hatte er zahllose versandfertige Kettenbriefe verstaut. Ruth war inzwischen 12, sie wusste genau, wobei sie mithalf, und war mächtig stolz auf ihren Einsatz.

Rissmann, der wieder mal einen Heimaturlaub in Frankenfelde verbrachte, nahm auf seiner Rückreise zu seinem Standort Rotterdam eine große Tasche voll mit Kettenbriefen unterm Arm mit, um sie unterwegs von den verschiedensten Bahnhöfen abzuschicken.

Mein Vater fuhr nach Halle und nach Leipzig, um dort Briefe einzuwerfen, Scharff nahm große Mengen mit nach Berlin, um sie seinen Freunden zu geben, die auch in alle Richtungen ausschwärmten und die Briefe von überall nach überall sandten.

Scharff forderte jeden von uns auf, der unterwegs war, so viele Tageszeitungen wie möglich aus den verschiedenen Städten mitzubringen: „In den Lokalblättern erscheinen seitenweise Todesanzeigen von gefallenen Soldaten, von Vätern, Söhnen und Ehemännern. Die Angehörigen werden doch in ihrer Wut und Trauer über den überflüssigen Verlust ihrer Lieben dazu geneigt sein, unsere Kettenbriefe abzuschreiben und weiterzubefördern. Die Aufgeber solcher Anzeigen sollten in jedem Fall auch unsere Adressaten sein."

Dufte, dieser Scharff, dachte ich, im Gegensatz zu Mama, die keinen Hehl daraus machte, dass sie Scharff hasste und den Tag verwünschte, an dem er in Luckenwalde aufgetaucht war.

„Dieser Meschuggene wird uns alle vernichten", jammerte sie, weinte und schnäuzte in ihr Taschentuch. „Warum musste er ausgerechnet nach Luckenwalde kommen, warum nur, warum nur ..."

Ich beruhigte sie und brachte sie schließlich so weit, dass sie mit ihrer großen, steilen Handschrift ebenfalls begann, Umschläge zu beschriften.

Onkel Hans hatte erfahren, dass in der Norddeutschen Maschinenfabrik hier in Luckenwalde mehrere Arbeiter lautstark auf die Nazis geschimpft hatten, denunziert worden und zu mehrjährigen Freiheitsstrafen verurteilt worden waren. Fritz Arndt, ein weiteres Luckenwalder Mitglied unserer Organisation, arbeitete in dieser Fabrik und nannte uns die Namen der Verräter. Im Gericht ließ Onkel Hans einige Bögen mit dem Aufdruck „Im Namen des Volkes" und dem Hoheitsadler mitgehen. Zu Hause in der Bismarckstraße machten wir mit der Schreibmaschine daraus Formulare des „Femegerichts X" und verurteilten die Denunzianten zum Tode: Das Urteil werde sofort nach Kriegsende vollstreckt.

Aber nicht nur die uns namentlich bekannten Verräter, auch die berüchtigten jüdischen „Greifer" in Berlin erhielten per Einschreiben Femeurteile, in denen sie wegen ihrer Zusammenarbeit mit der Gestapo angeklagt und zum Tode verurteilt wurden.

„Schreib noch die Warnung drunter", sagte Scharff zu Onkel

Hans, als wir die Urteile fertig machten, „dass sie sich nicht auf der Straße sehen lassen sollen, da sie sonst sofort hingerichtet werden!"

Unterschrieben wurden die Urteile mit „Gemeinschaft für Frieden und Aufbau".

Die so genannten „Greifer" waren Juden, denen die Gestapo versprach, dass sie bei erfolgreicher Arbeit nicht deportiert werden würden und so ihren Kopf retten könnten. Außer von Ruth Danziger wussten wir von Stella Kübler und ihrem Freund Isaaksohn, alle drei berüchtigte und gefürchtete Spitzel. Wir wussten, dass sie ihre Streifzüge durch Berlin vom jüdischen Krankenhaus in der Schulstraße aus führten, wo die Gestapo sich eingenistet hatte. Hierher wurden die „U-Boote" gebracht, die die Spitzel aufgriffen oder die auf andere Art und Weise in die Hände der Gestapo gelangt waren. Und von hier aus ging es weiter in die Todeslager im Osten.

Onkel Hans erfuhr durch Freunde, dass die Greifer nach Erhalt unserer Urteile für einige Zeit das Gebäude nicht mehr verlassen durften und nach Aufhebung der Sperre bewaffnet wurden.

–23–

„Stellt euch vor", berichtete Onkel Hans eines Abends im April, als er nach Dienstschluss heimkam, „was mir heute der Amtsgerichtsrat Bömert erzählt hat: Ein Potsdamer Verleger, Bonneß, soll zu vorgerückter Stunde im kleinen Kreis, vermutlich hatte er schon einen in der Krone, Witze erzählt haben, die Adolf lächerlich machen. Jemand aus der Runde hat ihn verpfiffen, und das Ende vom Lied ist: Bonneß wurde vom Volksgerichtshof zum Tode verurteilt. Selbst Bömert hat es nicht fassen können."

Onkel Hans hatte sich sofort nach dem Gespräch nach den finanziellen Verhältnissen der Witwe Bonneß und nach ihrer Adresse erkundigt: „Sie hat einen Haufen Kies, und ich bin sicher, dass sie uns etwas davon abgeben wird, wenn sie weiß, wozu wir es brauchen", lächelte Onkel Hans zuversichtlich.

Scharff, der sich wieder mal ein paar Tage in Luckenwalde aufhielt, um Fancia zu besuchen, stimmte ihm zu.

Wir fanden die Idee, bei der reichen Witwe eines zum Tode verurteilten Nazigegners Geld zu sammeln, alle prima.

Onkel Hans wollte gleich am nächsten Tag nach Berlin zu Hilde Bromberg fahren.

Als Scharff und Fancia gegangen waren, schimpfte Tante Frida: „Du wirst doch das Mädchen da nicht reinziehen wollen!"

„Ja, aber warum denn nicht, die Hilde ist doch ganz wild darauf, endlich mal wat tun zu können. Sie ist intelligent, sieht gut aus, kann prima reden, 'ne bessere gibts doch gar nicht. Und ich, als der

Chef einer so großen Organisation, kann doch sowat nicht persönlich machen, det wirste doch zugeben, wa?" Onkel Hans blickte seine Frau ernst an, schob beide Daumen unter seine Hosenträger, drückte sie nach vorn und ließ die breiten Gummibänder zurückschnurren. Eine Pose, die ich in letzter Zeit öfter bei ihm sah.

Tante Frida zeigte ihm wieder mal einen Vogel und ging wortlos ins Schlafzimmer.

Ich würde auch gern nach Potsdam fahren, dachte ich mir, aber ich bin vielleicht zu jung, um glaubwürdig zu erscheinen, und ein Mädchen fällt auch weniger auf.

Am 18. April begleitete Onkel Hans Hilde zur S-Bahn nach Potsdam. Mit dabei hatte sie Kopien unserer Kettenbriefe und eine Bescheinigung, dass sie auf Dienstreise des Amtsgerichts …enwalde sei.

Aber Hilde kam nach ihrem Besuch nicht wie verabredet zu uns nach Luckenwalde, um von ihrem Gespräch zu berichten. Wir ahnten, dass etwas Schreckliches passiert sein musste.

Scharff und Fancia waren in Berlin, Papa kam erst abends von seiner Arbeit in der Drogerie zurück. Um niemanden zu beunruhigen, wollte Onkel Hans den Freunden noch nichts sagen. Er war zum ersten Mal richtig ernst, nichts Selbstzufriedenes war an ihm, nichts Aufgeblasenes und nichts Süffisantes.

Wir waren uns sicher, dass Hilde geschnappt worden war. Aber warum? War sie einer Kontrolle in die Hände gelaufen, war sie bereits vor ihrem Besuch verhaftet worden oder nach ihrem Gespräch mit der Witwe? Was hatte man bei ihr gefunden?

Tante Frida schien die Ruhe selbst. Mir saß die Angst in allen Knochen, ich erwartete jeden Augenblick, dass es klingelte und die Gestapo vor der Tür stand.

Aber nichts passierte.

Ganz allmählich kehrte wieder innere Ruhe ein. Vielleicht hatte einer, der Hilde kannte, sie verraten, und die Gestapo hatte sie vor ihrem Besuch bei der Bonneß verhaftet, ohne die Papiere bei ihr gefunden zu haben.

Papa kam am Abend bei uns vorbei, um zu hören, was Hilde erreicht hatte. Er wurde aschfahl im Gesicht, ließ sich auf einen Stuhl sinken, rang nach Luft, öffnete den Hemdkragen. Er hatte vor dem Besuch gewarnt: „Wer weiß, ob die Frau politisch auch so denkt wie ihr Mann, vielleicht glaubt sie auch, die Gestapo will sie nur auf die Probe stellen und hat ihr Hilde ins Haus geschickt!" Papa murmelte unaufhörlich: „Das arme Mädchen, das arme Mädchen", und flüsterte ein ums andere Mal: „So ein Leichtsinn."

Onkel Hans winkte nur barsch ab und sagte verärgert: „Es ist nun mal geschehen. Jetzt müssen wir Ruhe bewahren. Streit ist jetzt überflüssig. Nimm Eugen mit zu dir. Ist im Augenblick besser, wenn er nicht hier ist."

„Diese Unvorsichtigkeit, dieser Leichtsinn, ich hab's ja immer gesagt, so wie sich der kleine Moritz den Kampf gegen Hitler vorstellt", wiederholte Papa immer wieder, als wir uns auf den Weg zur Friedrichstraße machten, ich mit meinen kleinen Koffer in der Hand.

In der Dachkammer angekommen, stöhnte Mama „mein Herz, mein Herz" und tropfte sich Baldrian auf ein Stück Zucker, um sich zu beruhigen. Wir verbrachten eine unruhige, schlaflose Nacht voller Angst.

Nichts geschah, auch nicht am nächsten Tag. Horst, der uns über neue Nachrichten informieren sollte, ließ sich nicht sehen. Onkel Hans ging wie immer ins Amtsgericht, auch Papa fuhr einen Tag später wieder nach Schöneberg in die Drogerie.

Langsam legte sich die Anspannung, wir hofften, dass wir unbehelligt bleiben würden, dass die Nazis andere, wichtigere Sorgen hatten, als uns zu verfolgen.

Nach einer guten Woche bat Onkel Hans Papa, Pia Kozlowski in dem Textilgeschäft in Berlin, in dem sie arbeitete, zu besuchen. Pia war eine gute und zuverlässige Freundin von Günther Samuel und hatte durch ihn Onkel Hans kennen gelernt. Auf seine Bitten hin war sie in der „Gemeinschaft für Frieden und Aufbau" aktiv geworden, hatte unsere Kettenbriefe versandt und zeitweilig auch Hilde Bromberg bei sich aufgenommen. Hildes letzte Unterkunft war allerdings bei Emil Schwarze gewesen, auch er ein Freund von Günther Samuel und ehemaliger KP-Genosse. Emil Schwarze hatte keine Schwierigkeiten bekommen, erzählte Pia, aber bei ihr war gestern eine Frau aufgetaucht, die am Alex als Wärterin in dem Frauentrakt des Gefängnisses arbeitete.

Ihr hatte Hilde erzählen können, was an jenem Nachmittag geschehen war.

Das Gespräch mit der eleganten, schwarz gekleideten Witwe hatte nicht lange gedauert. Hilde drückte ihr Beileid aus und kam dann ohne Umschweife zur Sache, zeigte ihr die Unterlagen und zählte auf, wofür Geldbeträge notwendig waren. Frau Bonneß schien nicht begreifen zu wollen und fragte unbeeindruckt nach, warum Hilde ihr das alles erzähle.

Hilde sprach sie daraufhin direkt auf ihren Mann an: „Die Organisation wäre Ihnen dankbar, wenn Sie uns, was sicher im Sinne Ihres von den Nazis ermordeten Gatten wäre, durch eine Geldspende den weiteren Ausbau unserer Widerstandsaktivitäten erleichtern würden."

„Bitte entschuldigen Sie mich für einen Augenblick", sagte

lächelnd Frau Bonneß, ging ins Nebenzimmer und kam nach einigen Minuten zurück. Sie hatte vom Flur aus die Gestapo in Potsdam angerufen.

Sie müsse sich das Gespräch noch einmal durch den Kopf gehen lassen, sagte sie zu Hilde und bat sie, in einer Woche noch mal bei ihr vorbeizukommen. Hilde war überzeugt davon, ein erfolgreiches Gespräch geführt zu haben, und verließ das Haus mit einem guten Gefühl. Doch nach einigen Schritten auf der Straße war sie von zwei Männern in Zivil in eine schwarze Limousine gedrängt worden. Hilde hatte versucht, wenigstens das Schreiben vom Amtsgericht vor dem Einsteigen in das Auto in den Rinnstein fallen zu lassen, aber einer der Beamten hatte sie dabei erwischt.

Im Gefängnis hatte man versucht, Hilde mit allen Mitteln zum Reden zu bringen. Man hatte sie grün und blau geschlagen, bis ihr die Zähne aus dem Mund fielen und die Augen zuschwollen, aber sie hatte dichtgehalten und ihre Auftraggeber nicht genannt.

Hilde hatte die Wärterin darum gebeten, Pia genau zu beschreiben, wie der verantwortliche Gestapomann aussah: klein, dunkle Haare, dicke Brille. Ab und zu ginge er ins Exelsior am Potsdamer Platz oder in den Schottenhammel.

Pia bat die mutige Frau inständig, wiederzukommen und uns auf dem Laufenden zu halten.

Wir atmeten alle auf, als Papa uns berichtet hatte, wir hofften, dass der Kelch noch mal an uns vorübergegangen war.

Onkel Hans warf sich in die Brust und haute gleich wieder auf die Pauke: „Jetzt noch mehr Kettenbriefe, die sollen nur nicht glauben, das sie uns erschreckt haben."

Naumann und seine Frau legten noch einen Zahn drauf und zogen Nacht für Nacht noch mehr Blätter von den Matrizen ab. Alle anderen schrieben noch fleißiger Umschläge, für den Einwurf in Briefkästen wurden immer wieder andere Gegenden abgeklappert. Papa fuhr wieder mit einer Tasche voller Kettenbriefe nach Halle, danach noch mal nach Leipzig.

Eine Weile nach dem ersten Besuch kam die Wachtmeisterin wieder zu Pia in den Laden. Diesmal übergab sie Pia einen Kassiber, in dem Hilde schrieb, dass die Gestapobeamten Lehmann und Linke hießen und beim Reichssicherheitshauptamt im Referat IV/A1 den Fall bearbeiten würden. Linke war der Kleinere und hatte eine auffällige, dunkle, über eine ganze Gesichtshälfte gehende Narbe.
Von der Wärterin erfuhren wir auch, dass die beiden mit Hilde auf der Suche nach dem Chef der Widerstandsgruppe waren. Hilde musste Abend für Abend, stark geschminkt, mit neuen Zähnen ausgestattet, eine dunkle Brille auf der Nase und unauffällige, elegante Kleidung tragend, mit den beiden Beamten Berliner Kneipen, Restaurants, Bars und Hotels abgrasen.
Diesmal hatte Scharff Pia besucht und aus Berlin auch gleich einen Plan mitgebracht, wie wir Hilde aus den Klauen der Gestapo befreien könnten: „Emil Schwarze arbeitet als Kellner im Zigeunerkeller am Kudamm, neben dem Café Wien. Wenn es uns gelingt, Lehmann, Linke und Hilde dorthin zu locken, kann Emil ihr helfen, von dort zu türmen."
Nach einigem Zögern wies Scharff Onkel Hans an, auf einer Schreibmaschine, die noch nicht zum Tippen von Adressen oder Matrizen benutzt worden war, einen Brief an das Reichssicherheitshauptamt zu schreiben: Die Unterzeichnende sei eine aufmerksame Volksgenossin und wolle die Geheime Staatspolizei darüber informieren, dass sie bei einem Besuch im Zigeunerkeller wahrscheinlich eine staatsfeindliche Bande beobachten konnte. Sie

hätte deutlich hören können, wie der kleinere, dunkelhaarige Mann mit Brille dem anderen, größeren, eine prall gefüllte Tasche mit dem Hinweis übergeben hätte, die Post unauffällig in verschiedene Briefkästen Berlins einzuwerfen. Beim Abschied hätten sich beide für den kommenden Samstag, 17.00 Uhr, wieder im Zigeunerkeller verabredet. Sie selbst habe in letzter Zeit mehrfach von defätistischen Schriften gehört und würde sich freuen, wenn durch ihren Hinweis solchen Volksverrätern das Handwerk gelegt würde. Bla, bla, bla, ... Heil Hitler.

Ich fand den Brief toll und schlug Scharff auf die Schulter, Tante Frida schüttelte den Kopf und murmelte, dass sie dieses Geschwätz nicht mehr mit anhören könne, und verließ das Zimmer.

Einer unserer Freunde fuhr am nächsten Tag nach Berlin und besprach die Fluchtmöglichkeit mit Emil Schwarze. Als er zurückkehrte, waren wir zuversichtlich, dass wir Hilde bald befreien würden.

Am nächsten Samstag verließen Onkel Hans und Ruth gut gelaunt die Wohnung, liefen zum Bahnhof und fuhren nach Berlin zum Kurfürstendamm. Es war sommerliches Wetter, die Menschen genossen den bombenfreien Nachmittag und füllten die Plätze vor den Lokalen auf beiden Seiten der breiten Straße. Ruth hatte ihren großen Teddybären unterm Arm dabei, und in der anderen Hand hielt sie ihren Puppenkoffer.

Ruth erzählte mir später, wie sie sich die Bilder der Filmbühne Wien in den Schaukästen angeschaut hatten, ein wenig herumgeschlendert waren und sich schließlich an einen Tisch schräg gegenüber dem Eingang zum Zigeunerkeller gesetzt hatten. Ruth hatte sich aussuchen dürfen, was sie trinken wollte – Apfelbrause, während Onkel Hans sich ein Bier bestellte. Als die Getränke serviert wurden, gingen zwei Männer mit Schlapphüten und hellen Staubmänteln über den Armen an den Tischen vorbei. In ihrer Mitte führten sie Hilde, sie trug eine große, schwarz gerandete Sonnenbrille und ein schickes, graues Kostüm. Einer der beiden Männer, er hatte eine sehr auffällige, blaurote Narbe, die sich über seine linke Gesichtshälfte zog, hatte sie untergehakt.

Der andere war größer und sah jünger aus. Das mussten Lehmann und Linke sein, die beiden Gestapobeamten, so hatte Hilde sie beschrieben. Sie gingen geradewegs auf den Eingang des Zigeunerkellers zu.

Onkel Hans berichtete später, er habe gesehen, dass Hilde nur sehr zögernd durch die Tür ging. Nachdem Ruth noch eine Apfelbrause und er selbst noch ein zweites Bier heruntergekippt und gezahlt hätten, seien sie zwischen Uhland- und Fasanenstraße auf und abgebummelt und hätten dabei den Eingang des Zigeunerkellers im Auge behalten. Nach etwa einer Stunde seien die drei wieder auf der Straße erschienen, der Narbengesichtige habe ein Taxi herangepfiffen, alle drei seien eingestiegen und losgefahren. Er und Ruth seien sofort die Treppe zum Zigeunerkeller hinuntergelaufen und hätten Emil Schwarze ausgefragt. Hilde, so habe er berichtet, habe ihn überhaupt nicht angesehen, wahrscheinlich habe sie befürchtet, dass die Gestapo-Leute ihm auf der Spur seien. Er habe ihr keinen Wink geben können. Dabei hätte er auf dem Klo alles für ihre Flucht vorbereitet gehabt, sie hätte über den Hof türmen können.

－24－

Ende Juli war die Hitze in unserem Kabuff kaum noch auszuhalten. Fast täglich kletterte ich für einige Stunden durch das Giebelfenster in dem kleinen Vorraum unserer Kammer auf ein etwas tiefer liegendes, flaches, mit Teerpappe beklebtes Dach über einem leeren Schuppen. Da es in dieser Richtung ringsherum keine Häuser gab, war dieser Platz von nirgendwoher einsehbar. Ich zog mich bis auf meine Unterhose aus, lag in der Sonne und döste vor mich hin.

Trotz des herrlichen Sommerwetters zog ich mir dabei eine hartnäckige Erkältung zu, vielleicht durch die Zugluft auf dem Dach. Mama, die mich immer noch fest in ihren Krallen hielt, ordnete an, dass ich im Bett bleiben musste. Da ich ohnehin nicht viel anderes machen konnte, fügte ich mich.

Es war Mittagszeit, Papa in Berlin, Mama stand an dem Zweiplattenkocher und zauberte irgendetwas Undefinierbares aus den wenigen Zutaten, die Papa in Berlin eingekauft hatte oder die uns Tante Frida ab und zu vorbeibrachte. Ich lag im Bett und schwitzte. Plötzlich hörten wir, wie draußen die Holzstufen knarrten. Wie immer, wenn sich draußen etwas bewegte, sprang ich hoch und rein in den Kleiderschrank, zog von innen die Tür zu und schielte durch einen engen Spalt. Als Mama zögernd die Zimmertür öffnete, hörte ich die Stimme und das Lachen von – Ruth aus Blankenburg.

Mit einem Satz war ich wieder im Bett, während Mama und Ruth sich überschwänglich umarmten und abdrückten.

„Nanu, biste krank?", fragte Ruth besorgt, als sie mich im Bett entdeckte.

„Nee, hab nur ein bisschen Husten, aber Mama macht sich Sorgen. Bin heute mal im Bett geblieben." Ruth setzte sich zu mir aufs Bett. Sie war immer noch so flach wie früher, hatte Pickel im Gesicht und Schnittlauchlocken. Das helle, unter den Armen tief ausgeschnittene Kleidchen war zerknautscht, und in den Achselhöhlen kringelten sich schwarze, schweißnasse Haarbüschel.

„Was gibt's Neues bei euch, wie geht es den Eltern?", fragte Mama und kochte Muckefuck für Ruth.

„Vadda is kürzlich wieder mal überjeschnappt, er hat 'n Tobsuchtsanfall gekriegt, als er jehört hat, dat et nich jeklappt hat mit de Bombe uff Adolf am Zwanzigsten." Während Ruth erzählte, legte sie ganz behutsam ihre feuchte, warme Hand unter meine Bettdecke, schob mein Nachthemd hoch und streichelte die Innenseiten meiner Oberschenkel. Dabei plapperte sie unaufhörlich weiter, erzählte Mama belanglose Dinge, wie dass es im Laden kaum noch was zum Kaufen gab, dass ihr Vater immer noch alle furzlang zum Radio rannte, um Nachrichten zu hören. Bald hörte ich ihre Stimme nur noch wie aus weiter Ferne.

Mama stand mit dem Rücken zu uns und fummelte weiter an ihrem Elektrokocher. Ich spürte, wie Ruth endlich meinen harten Pimmel in ihre Hand nahm und ihn mit gleichmäßigen, langsamen Bewegungen rauf und runterschob. Ein Gefühl wie damals, als Ruth mich in Blankenburg zu sich auf ihr Bett gezogen hatte, ging wie eine Welle durch meinen ganzen Körper. Die Panik, Mama könnte etwas merken, ließ mich Ruths Hand festhalten, aber – zu spät. Es spritzte aus mir heraus, mehrmals. Mein Mund war völlig ausgetrocknet, die Zunge klebte am Gaumen, ich versuchte, so ruhig wie möglich zu atmen.

Ruth kicherte, als sie mich aufforderte, doch am Tisch Kaffee zu trinken. „Dir jehts doch sicher wieder janz jut, stimmts?", fragte sie mich augenzwinkernd. Ich nickte nur und versuchte, die nassen Flecken im Bett zu verbergen. Eine Scheiße war das, dieses Verstecken, dieses unnatürliche Verhalten, diese dauernde Angst, jetzt auch noch vor Mama!

Im Oktober sah Papa nach langer Zeit wieder mal bei Pia Kozlowski vorbei. Sie hatte Neuigkeiten von der Wärterin am Alex, Neuigkeiten, die uns alle zutiefst erschütterten und schockierten. Scharff und Fancia waren verhaftet worden. Wie und wo die beiden geschnappt worden waren, konnte Pia nicht sagen. Sie wusste nur, dass Scharff von der Gestapo in einem Keller am Alex verhört und fürchterlich geschlagen worden war.

Papa fuhr sofort zurück nach Luckenwalde, um Onkel Hans zu warnen. Nicht weit vor dem Haus in der Bismarckstraße traf er Horst: „Haun Sie bloß ab", zischte der, „Vater haben sie vorgestern abgeholt. Aus'm Büro. Dann haben sie unsere ganze Wohnung uff'n Kopp gestellt. Haben aber nichts gefunden."

Papa erzählte von der Verhaftung von Scharff und Fancia und fragte noch nach Tante Frida und Ruth: „Die sind zu Hause. Uns tun sie nichts, haben sie gesagt, weil wir in der Hitlerjugend sind. Aber Rosins haben sie beide mitgenommen, das hat Werner mir erzählt, zusammen mit den Joachims."

Wir waren wie gelähmt, als Papa all die Schreckensnachrichten bei uns in der Dachkammer erzählte. Mama zog schon ihren Mantel an, sie fürchtete, die Gestapo würde uns jeden Augenblick abholen. Sie war mit einem Mal ganz gefasst, sah in den Spiegel und schminkte sich die Lippen rot.

Papa holte aus der Schublade in der Waschkommode einige Glasröllchen und leerte den Inhalt, lauter weiße Tabletten, auf ein Taschentuch, deckte den Pillenhaufen mit der anderen Hälfte des Tuchs zu und drückte mit dem Ballen der rechten Hand kräftig auf die abgedeckten Tabletten. Es war so ruhig, dass man das Knirschen beim Zerstampfen der Pillen hörte. Danach füllte er die feinen Krümel in eine leere, flache Zigarettenschachtel.

Aber es blieb auch diesmal alles ruhig. Unsere Nervosität, unsere Anspannung und auch die Angst wichen einer gewissen Gelassenheit. Wir wollten nicht daran denken, dass man früher oder später wohl auch uns abholen würde. Ich verbrachte die Zeit damit, Stukas und andere Flugzeuge, die in der „Berliner Illustrirten" zu sehen waren, abzuzeichnen, manchmal auch Gesichter von Filmschauspielern oder Politikern. Papa hatte mir die Zeitschrift aus Berlin mitgebracht, und von dem weißen Papier, das wir für unsere Kettenbriefe verwendet hatten, war noch genügend vorhanden.

Mama wickelte seit geraumer Zeit mit einigen Russen vorn im Gastraum Tauschgeschäfte ab. Die Russen arbeiteten auf den Dörfern bei Bauern und durften ab und zu in die Stadt. Vor ein paar Tagen hatte Mama zwei Kopfkissenbezüge gegen ein paar Eier und ein dickes Stück Speck eingetauscht.

III

Das Ende

III

Das Ende

−25−

Am Morgen des 11. Dezember saßen wir beim Frühstück. Mama hatte Spiegeleier gemacht und dazu Speck knusprig gebraten, Papa hatte den Kanonenofen angeheizt. Er war heute nicht nach Berlin gefahren, es war saukalt draußen, und der Schnee der vergangenen Nacht machte das Laufen schwierig. Auf dem Kleiderschrank stand der schwarze Würfel, unser Volksempfänger, aus dem wir mit Spannung die Berichte des Oberkommandos der Wehrmacht erwarteten.

„Pssst", zischte Mama auf einmal zwischen den Zähnen hervor, stand auf und schlurfte auf Zehenspitzen zur Tür. Wir alle hörten jetzt deutlich schwere Tritte draußen auf den knarrenden Holzstufen. Ich war schon im Kleiderschrank, als es kräftig gegen die Holztür bummerte und eine Stimme wütend rief: „Aufmachen, wird's bald!" Mama hatte den Schlüssel kaum herumgedreht, da stießen zwei Männer die Tür weit auf, der eine hielt Mama, der andere Papa eine Pistole vor die Brust und beide brüllten: „Hände hoch!"

Durch die nicht ganz zugezogene Schranktür konnte ich alles sehen, was sich in dem Raum abspielte. Statt seine Arme hochzuheben, wandte sich mein Vater zur Kommode, um die Schachtel mit den zerstampften Tabletten einzustecken. Ich konnte erkennen, dass es ihm gelang, musste aber zusehen, wie der Größere, das musste nach Hildes Beschreibung Lehmann sein, meinem Vater weit ausholend mit der Pistole ins Gesicht schlug, sodass er zu Boden fiel. Lehmann holte aus seiner Joppentasche Handschellen, riss

Papa die Arme auf den Rücken und schloss sie zu. Ich hatte wahnsinnige Angst um meinen Papa, er hatte noch nie seine Hand gegen irgendjemand erhoben, keiner Fliege konnte er etwas zuleide tun, hatte, wenn er irgend konnte, immer geholfen. Ich hatte ihn immer bewundert, und nun wurde er geschlagen, und das war vielleicht nur der Anfang von noch Schlimmerem. Ich dankte dem lieben Gott, dass er es ermöglicht hatte, dass Papa mit dem Veronal Schluss machen konnte, wenn es für ihn nicht mehr auszuhalten war. Während ich das dachte, presste ich meine gefalteten Hände so fest zusammen, dass es wehtat.

Linke, der mit der blauroten Narbe auf der linken Gesichtshälfte, fuchtelte inzwischen mit seiner Waffe Mama vorm Gesicht herum und forderte sie auf, alle Wertsachen herauszurücken. Als er den kleinen Lederbeutel mit dem bisschen Schmuck vom Schrank nahm, schrie er Mama an, dass das doch nicht alles sein könne. Mama hatte sich inzwischen neben Papa gekniet und wischte ihm mit einem Taschentuch das Blut von Mund und Nase. Sie sah den Narbengesichtigen gar nicht an, als sie achselzuckend murmelte: „Das war das Letzte."

Als wenn ihm plötzlich eingefallen wäre, dass noch jemand fehlte, drehte sich der Größere, Lehmann, ruckartig um und riss die Schranktür mit so einer Wucht auf, dass ich die Schnur, mit der ich die Tür von innen festgehalten hatte und die ich noch zwischen meinen Händen hielt, losließ. Das weiche, faltenlose Kindergesicht wurde plötzlich steinhart, die blauen Augen ganz schmal, die Haut über den Kieferknochen spannte sich. Der Kerl brüllte wie ein Wahnsinniger, als er mich an meinem Hemd packte und aus dem Schrank zerrte: „Raus, sag ich dir, komm bloß raus, du Miststück, du verfluchter Scheißkerl, du." Er schüttelte mich noch eine ganze Weile, bis er endlich losließ, um mir dann mit beiden Händen abwechselnd ins Gesicht zu schlagen. Meine Mutter, die mir das Blut vom Gesicht abwischen wollte, schob er mit seinem Stiefel weg.

Linke setzte seinen Schlapphut ab, zog alle Schubladen heraus, öffnete sämtliche Koffer, durchwühlte alles, warf die Kleider auf den Boden und auf die Betten, drehte dann die Betten um, hob die Matratzen an und guckte in jede Ecke, kniete sich auf den Boden und verursachte ein unbeschreibliches Chaos.

Papa hatte sich wieder aufgerappelt, setzte sich auf einen Stuhl und legte den Kopf auf die Tischplatte.

Linke wischte sich den Schweiß von der Stirn und suchte weiter, jetzt unten im Kleiderschrank. Er fand ein dickes, schwarzes Kabel, kam aus der Kniebeuge wieder hoch, grinste, verbog es mit beiden Händen und reichte es an Lehmann, der das Kabel gegen seinen Stiefelschaft schlug.

Ich griff mir ein Stück Stoff, ein Hemd oder eine Bluse, vom Bett und versuchte damit, das Blut, das aus beiden Nasenlöchern schoss, zum Stillstand zu bringen.

„Da sieh mal einer an, wen wollste denn damit erschlagen? He!" Lehmann hatte sich zu seiner vollen Größe hochgereckt und fuchtelte mit dem Kabel vor meinem Gesicht herum. Sein Gesicht hatte sich in eine furchterregende Fratze verwandelt. „Heute Nacht wirste uns alles haargenau erzählen. Wie viele Adressen du geschrieben hast, wo du die Briefe eingesteckt hast, wen du alles kennst und so weiter und so weiter, alles, und ganz genau, sonst gnade dir Gott!" Dabei schlug er das Kabelende mehrmals gegen seinen Stiefel, und dann, ganz unerwartet, knallte er es mit voller Wucht gegen den Türrahmen. Wir zuckten alle zusammen. Er lachte wie ein Irrer, dann nahm sein Gesicht wieder fast freundliche Züge an. Nun übernahm Linke das Kommando: „Ab geht's, aber ein bisschen flott, meine Herrschaften!"

Mama legte Papa, dessen Handgelenke noch immer auf dem Rücken gefesselt waren, seinen Mantel über die Schultern, zog sich selbst einen an und legte einen gestrickten Wollschal wie ein Kopftuch über ihre Haare, während ich hastig unter meine Joppe noch einen dicken Pullover zog. Als ich meine Zahnbürste einstecken wollte, bellte Linke mich an, dass ich in kein Sanatorium käme und Zähneputzen nicht mehr nötig sei. Wir wurden von Lehmann mit dem Kabel durch die Tür gescheucht und die Treppe runtergeschubst. Linke, dessen Narbe zu glühen schien, schloss das Zimmer ab und klebte ein weißes, breites Papiersiegel zwischen Tür und Rahmen.

Auf der Straße konnte ich erkennen, dass uns hinter den Fenstern des Gasthauses Leonhardt einige Gesichter nachschauten.

Ein Stück die Straße hinauf Richtung Bahnhof stand ein großes, schwarzes Auto. Lehmann ging vor, ließ den Wagen an, wir drei stiegen hinten ein. Linke hatte kaum die Wagentür zugemacht, da fuhren wir auch schon los in Richtung Stadtmitte. Im Polizeirevier wurden unsere Personalien aufgenommen, dann ging es weiter zum Amtsgericht. Hier wurden Papa und ich von einem grün uniformierten Beamten in einen großen Raum geschoben, Mama musste draußen bleiben.

In dem düsteren, halbhoch mit dunklem Holz verkleideten Raum, in dem rundum lange Holzbänke standen, saßen bereits der Schuhmacher Brachmüller, Paul Thiele, Michael Schedlbauer aus dem Stalag und Dr. Joachim. Brachmüller und Schedlbauer schimpften mit geballten Fäusten auf Onkel Hans, der sie ihrer Meinung nach verpfiffen hatte.

„Ich habe mit keinem der anderen jemals Kontakt gehabt", regte Schedlbauer sich auf.

„Ich auch nicht", rief Brachmüller zornig.

Thiele versuchte zu beschwichtigen: „Wer weiß, was se mit ihm gemacht haben. Wir werden auch anfangen zu singen, wenn se uns richtig in de Mangel nehmen."

„Die wissen doch alles", resignierte Brachmüller, „sonst wären wir doch nicht hier zusammen."

Papa, noch immer gefesselt, schob mich vor sich her in eine Ecke, wo uns niemand hörte, und flüsterte mir, nach jedem Wort tief Luft holend, zu: „Ich konnte das Veronal einstecken. Willst du es haben? Vielleicht hast du es nötiger?" Papa schluchzte wie ein kleines Kind. Ich bemühte mich, ihm die Tränen abzuwischen. Es war das erste Mal, dass ich Papa weinen sah. Ich nahm ihn in meine Arme und hielt ihn ganz fest. Obwohl ich eine wahnsinnige Angst hatte, versuchte ich es nicht zu zeigen.

„Ganz bestimmt nicht", antwortete ich, „ und du wirst es auch nicht brauchen." Im Stillen war ich aber doch froh, dass Papa Schluss machen konnte, denn unsere Lage war hoffnungslos.

Während wir uns wieder den anderen zuwandten, wurde die Tür aufgeschlossen. Der grüne Justizangestellte rief Papa heraus, und ich konnte hören, wie er ihm sagte, dass er sich von seiner Frau verabschieden könne, bevor er nach Berlin gebracht werden würde. Ich habe Papa danach nicht wiedergesehen.

Einige Minuten später wurden auch Schedlbauer und Brachmüller herausgeholt. Die drei Übrigen hörten endlich auf, Onkel Hans die Schuld in die Schuhe zu schieben. Es wurde ruhig in dem düsteren Raum, durch das Fenster sah man draußen den Schnee fallen. Nur Dr. Joachim kniete auf dem Boden und legte seinen Kopf auf seine Arme, die er vor sich auf der Bank verschränkt hatte. Er wimmerte ununterbrochen vor sich hin.

Es war schon lange dunkel, Thiele und ich hatten uns schon auf die Bank gelegt und versuchten zu schlafen. Es war nicht möglich, Dr. Joachim hörte nicht auf zu heulen.

Die Nacht schien endlos lang, niemand konnte schlafen, jeder hing seinen Gedanken nach. Ich wartete jeden Moment darauf, dass einer kommen und mich zum Verhör holen würde. Leise fragte Dr. Joachim immer wieder, ob jemand von uns wüsste, wo seine Frau war. Als man ihn vom Schraubensortieren weggerissen hatte, war seine Frau bei Rosins in der Kneipe gewesen.

Die Nacht war noch rabenschwarz, als wir auf den dürftig erhellten Flur geholt wurden. Es war eisig kalt. Wir standen da, unrasiert, zerknautscht, übernächtigt, mit rot geränderten Augen und bibberten, Dr. Joachim hatte einen Schluckauf wie ein kleines Kind. Erst nach einer Weile sah ich, dass auch Mama im Gang stand.

Ich ging auf sie zu, wir umarmten uns. Niemand hinderte uns daran. „Hast du Hunger, mein Kind?"

Das war immer ihre erste Frage, wenn wir uns länger nicht gesehen hatten. Ich schüttelte den Kopf und küsste sie ab, die salzigen Tränen liefen ihr die Wangen runter.

Als zwei Polizisten in dicken Mänteln und mit schwarzen, eiförmigen Ohrwärmern unter ihren Tschakos im Gang auftauchten, musste ich mich von Mama trennen. Sie und Thiele wurden an den Handgelenken zusammengefesselt, ebenso Dr. Joachim und ich. Dann stapften wir vier, zitternd vor Kälte, eskortiert von den beiden Grünen, zum Bahnhof. Um diese frühe Stunde war noch niemand auf der Straße, der Schnee unter unseren Schuhen knirschte, und Dr. Joachim neben mir klapperte mit den Zähnen. Einer der beiden Wachtmeister sagte uns, dass wir nach Potsdam fahren würden.

−26−

Einigermaßen aufgewärmt nach der S-Bahn-Fahrt kamen wir in Potsdam an. Auf dem Fußweg zum Präsidium stellte einer der Polizisten fest, dass der Metallring des Handschellenpaars um Dr. Joachims Handgelenk gar nicht eingerastet war. Seine buschigen Augenbrauen zogen sich zusammen, und sein verblüfftes Napfkuchengesicht blickte in das schadenfrohe Grinsen seines Kollegen, dessen blanke Fessel einwandfrei Mama mit Thiele zusammenhielt. Für einen Augenblick wurde ich wütend auf Dr. Joachim: Warum hatte er mich nicht darauf aufmerksam gemacht, dass ich hätte abhauen können! Aber ich wusste im gleichen Moment, dass ich nicht geflohen wäre, wie denn – mit der Metallfessel am Gelenk? Und wohin denn, nein, ich wäre viel zu hasenherzig gewesen, um zu türmen.

Kurze Zeit später übergaben die Schupos uns im Präsidium an ihre Potsdamer Kollegen, ließen sich die „Lieferung" quittieren, grüßten markig mit „Heil Hitler", machten kehrt und stolzierten hinaus. Uns wurden die Handschellen abgenommen und alles, was wir in den Taschen hatten. Meine Zahnbürste, die ich in Luckenwalde doch noch hatte einstecken können, musste ich abgeben, mehr hatte ich nicht, und meinen Gürtel und die Schnürsenkel musste ich auch auf einen Tresen legen. Thiele wurde gleich abgesondert, nachdem man bei ihm Kamm und Schere in den Taschen gefunden und er sich als Frisör ausgegeben hatte; er musste einem bulligen Polizisten, der hinter einer Barriere saß, die Haare schneiden.

Mama wurde sofort weggeführt, ohne dass ich mich noch von ihr verabschieden konnte.

Dr. Joachim und ich wurden in einen roten Ziegelbau gebracht, wo wir mit „Hopp, hopp, hopp" einen dunklen Flur im ersten Stock entlanggescheucht wurden. Vor der Zelle 55 blieb der Wachmann stehen, schloss mit einem großen Schlüssel auf, schob zwei breite Riegel zurück und zog die Tür auf. Drinnen stand ein jüngerer Mann, ziemlich zerlumpt, ohne Schuhe, und krächzte heiser, aber in strammer Haltung: „Zelle 55 belegt mit einem Mann."

Der Raum war sehr schmal, der Tür gegenüber befand sich unter der Decke ein vergittertes Fenster, darunter ein offenes Lokusbecken, über dem ein Spülkasten angebracht war.

„Vorwärts", zischte der Wachmann, schob uns in die Zelle, drückte den jungen Mann an die Wand, wies mit seinem großen Schlüssel auf zwei übereinander gestellte Holzpritschen, auf denen je eine graue Decke lag, ging rückwärts raus und schloss die Tür ab. Danach knallten die Riegel zu.

Es gab nur Tageslicht, das aber schon weniger wurde. Der junge Mann hatte sich den Pritschen gegenüber auf einem Eisengestell niedergelassen, das an der Wand befestigt war. Joachim hockte sich auf das untere, ich legte mich auf das obere Holzgestell. Die Luft war stickig, das Fenster ließ sich nicht öffnen. Der junge Mann wollte sich grade vorstellen, da wurde wieder aufgeschlossen, die Riegel knallten, und bevor er zur Meldung strammstand, trugen zwei Häftlinge noch zwei mal zwei übereinander stehende Holzpritschen herein. Das Eisengestell an der Wand wurde abmontiert, vier dreckige, klebrige, löchrige Decken und ein schmutziges Handtuch auf die Bettgestelle geschmissen und die Zelle, in der man sich kaum noch bewegen konnte, wieder geräuschvoll geschlossen.

„Ich heiße Ivo Nemanic, komme aus Zagreb, endlich kann ich

mal mit jemandem reden, bin schon seit Monaten ganz allein in der Zelle." Er redete ohne Punkt und Komma, erzählte, dass er als Kameramann bei der Ufa in Babelsberg gearbeitet hatte, und klagte immer wieder, wie sehr ihn der Hunger quälte: „Wenn nur der Hunger nicht wär. Seht her, wie ich abgenommen habe, ich muss die Hose festhalten, damit sie mir nicht vom Arsch fällt." Er drückte mit Daumen und Mittelfinger einer Hand seine Wangen zusammen, um zu demonstrieren, wie dünn er geworden war.

Sein Redefluss wurde unterbrochen, die Riegel knallten wieder gegen Metall, der Schlüssel drehte sich laut im Schloss; Nemanic wankte zur Tür, und im selben Augenblick, als die Tür aufging, machte er seine Meldung: „Zelle 55, belegt mit drei Mann." Der Wachmann winkte ab und drückte mit seinem langen Schlüssel einen alten, gebeugten Mann herein, der wankend auf eine der Pritschen zustrauchelte. Der Alte bekam wie Dr. Joachim eine der unteren Pritschen, während Nemanic und ich uns auf den oberen einrichteten. Es waren nur ein paar Minuten vergangen, da wurden wieder die geräuschvollen Schließvorrichtungen in Gang gesetzt. Vor der Tür stand neben dem Wachmann ein wohlgenährter, grinsender Häftling mit einem Stapel brauner Blechnäpfe im Arm. Von uns Neuen musste jeder einen Napf in Empfang nehmen, und schon war die Tür wieder zu. Alle Näpfe waren verbeult und teilweise verrostet, meiner hatte ein kleines Loch im Boden.

„Hast du nicht einen Kanten Brot für mich", bettelte Nemanic den Alten an. Der schüttelte nur den Kopf.

„Die Schweine haben mir ein ganzes Brot versprochen für den schweren goldenen Siegelring, den hatte ich eingeschleust und dem Kalfaktor gegeben. Nichts habe ich bekommen, diese Verbrecher!", fluchte Nemanic und weinte schon im nächsten Augenblick lautlos in seine Hände. Dann kriegte er wieder seinen Rappel.

Fast täglich bekam er einen Wutanfall, er wummerte mit aller Kraft wie verrückt gegen die Tür, schrie, dass er herauswolle, dass er verhungere, nahm Anlauf, sprang gegen die Tür und bekam Schaum vor dem Mund. Der Koller hielt nicht lange an, er wurde leiser, rutschte auf die Knie, röchelte und blieb wie tot liegen. Langsam erhob er sich dann und schlurfte zurück zu seiner Pritsche.

Schon sehr bald wurde der Hunger auch für uns „Neuzugänge" zum Problem. Morgens eine Scheibe feuchtes, dunkles Brot mit einem Klecks Marmelade, die in der Mitte der Scheibe versickerte, dazu einen Schöpflöffel lauwarme Plörre. Jeden Mittag handwarmes Wasser, in dem einige Stückchen Kartoffeln und neben Ungeziefer ein paar Blätter Kohl schwammen und abends das Gleiche wie zum Frühstück, nur ohne Marmelade. Je eine Hand voll dreckiger, teils verfaulter, matschiger, verfrorener Pellkartoffeln und einen Löffel Quark erwarteten alle begierig am Sonntag. So wie Nemanic litt auch Dr. Joachim sehr unter dem Hunger. Wir mussten ihn oft mit Gewalt am Sonntag davon abhalten, nicht mehr als seine Zuteilung zu verschlingen. Er war der Erste, der die Kartoffeln mit schmutziger Pelle und den fauligen Stellen in den Mund steckte. Bald drehte sich jedes Gespräch ums Essen, und alle dachten nur noch an die nächste Fraßzuteilung.

−27−

„Herman, fertig machen und raus", brüllte ein Justizangestellter draußen auf dem Gang und hielt die geöffnete Tür auf. Es war schon kurz vor Weihnachten. Ich ließ mich von der oberen Pritsche herunter und stieg in die offenen Schuhe, hielt die inzwischen auch mir viel zu weit gewordene Hose mit beiden Händen fest und folgte dem Grünen.

„Wohin bringen Sie mich?", fragte ich zögernd.

„Zum Verhör."

Ich hatte wahnsinnige Angst, dass ich nun die angedrohten Prügel mit dem Kabel kriegen würde. Wir gingen durch lange, dunkle Gänge, überquerten verschiedene Höfe, stiegen mehrere Treppen rauf und runter. Mein Bewacher klopfte an eine Tür, öffnete sie, drückte mir seinen langen Schlüssel in den Rücken, schob mich in einen weiß getünchten, hohen Raum, schloss leise die Tür hinter mir und verschwand.

Das Zimmer war nur spärlich möbliert: Unter einem gitterlosen Fenster stand ein hölzerner Rollschrank, davor ein einfacher Schreibtisch und neben mir ein großer, dunkelgrauer Panzerschrank. Es war totenstill in dem Raum. Mir gegenüber hinter dem Schreibtisch stand ein Mann in dunklem Anzug und guckte aus dem zweiten gitterlosen Fenster hinaus in den rieselnden Schnee. Kein Ton, kein Kabel, keine Peitsche, nur ein Aktendeckel auf dem Schreibtisch, neben einem großen, runden Aschenbecher. Der Mann rauchte eine Zigarette. Glocken schlugen die volle Stunde, danach klang „Üb immer Treu und Redlichkeit" von der nahe gelegenen Garnisonskirche herüber.

Mein Herz klopfte bis zum Hals, ich hatte Atemnot und konnte nicht durchatmen. Mir kam es vor wie eine Ewigkeit, bis der Mann sich umdrehte, sich an den Tisch setzte, in der Akte blätterte und wie beiläufig fragte, ohne mich bis jetzt überhaupt angesehen zu haben: „Wie bist du überhaupt nach Luckenwalde gekommen?"

Ich konnte nur abgehackt und mit am Gaumen klebender Zunge stottern: „In einem Lokal am Potsdamer Platz habe ich im letzten Jahr Winkler getroffen und ihm erzählt …" – ich spürte, wie ich etwas ruhiger wurde – „… dass ich ausgebombt war und keine Unterkunft hatte …"

„Willst du wohl die Schnauze halten!", schrie er mich mitten im Satz an, er wurde krebsrot, sprang vom Stuhl, umklammerte mit einer Hand die Tischkante, griff sich den Ascher und warf ihn mit voller Wucht auf mich. Ich konnte gerade noch knapp den Kopf zur Seite wenden, ehe der schwere Metallbehälter an den Panzerschrank knallte und mit dumpfem Geräusch auf den mit Linoleum belegten Boden fiel, noch ein wenig weiterkullerte und scheppernd liegen blieb.

„Ich hab dich nicht zur Märchenstunde geholt!" Der Mann brüllte noch immer, fuchtelte erst mit den Fäusten in der Luft, erhob sich vom Stuhl, zog dann mit beiden Händen sein Jackett vorne glatt, wippte mit den Füßen auf und ab, fuhr sich mit einer Hand durch die Haare, kam um den Tisch herum auf mich zu, blieb dicht vor mir stehen, starrte mich feindselig an und fragte, nun fast flüsternd: „Warum, zum Teufel, hast du dich an der Geschichte beteiligt?"

Ich wusste nicht, was ich sagen sollte. Wie meinte er das?

Er sah mich immer noch an, als wolle er mich hypnotisieren.

Und dann beantwortete er sich selbst die Frage: „Du hast geglaubt, wenn Stalin kommt, wirste 'n großer Mann, stimmt's?" Er grinste, dann wurde sein Blick kalt. Höhnisch fuhr er fort: „Aber das wirst du nicht erleben, da kannste dich drauf verlassen." Er machte die Tür auf und rief in den Gang: „Abführen."

Das war's. Keine Schläge, kein Linke, kein Lehmann, kein Kabel, kein einziges Mal Judensau. Der schwere Ascher, vielleicht wollte er auch gar nicht treffen. Ich verstand immer noch nichts, was hatte der Gestapomann eigentlich von mir gewollt?

Heiligabend. Das hoffentlich letzte Weihnachten im Krieg. Jeder hing schweigend seinen Gedanken nach. Kein Fliegeralarm, keine Bomben, kein Knastmaukenanfall des Jugoslawen. Er war zu schwach, redete meist unzusammenhängendes Zeug, fantasierte von ungeheuren Fressgelagen in seiner Heimat, lallte vor sich hin.

Ich dachte viel an Papa und hoffte, dass man das Veronal nicht bei ihm gefunden hatte. Im Stillen betete ich für ihn und auch dafür, dass Mama gesund war.

Am ersten Feiertag gab es statt Quark einen Hering mit verfaulten Pellkartoffeln. Der Beamte erzählte uns während der Essensausgabe mit sichtlicher Freude und Stolz: „Es geht wieder vorwärts, die Amis kriegen die Hucke voll!" Und berichtete, dass es der Deutschen Wehrmacht gelungen war, Mitte Dezember eine erfolgreiche Offensive in den Ardennen zu starten, und dass die Soldaten durch diesen überraschenden Gegenangriff schon halb Belgien und Luxemburg zurückerobert hatten. „Das ist der Beginn der entscheidenden Wende", prahlte der Idiot. Es war eine niederschmetternde Nachricht für uns. Wir waren deprimiert, die Hoffnung auf ein baldiges Ende schmolz dahin.

Kurz nach Neujahr wurde ich krank. Hohes Fieber, Schüttelfrost, Halsschmerzen, Husten, alles, was zu einer schweren Erkältung gehört. Nach der zuvor abgehaltenen Badeprozedur war das nicht verwunderlich. Wir hatten alle, auch die anderen Häftlinge auf unserem Flur, nackend über die eiskalten Steinstufen zwei Treppen höher rennen müssen – unter dem „Dalli, dalli"-Gebrüll der Wachmannschaften und Schlägen auf den Hinterkopf –, um dann oben etwa ein bis zwei Sekunden unter einer kalten, tröpfelnden Dusche zu verweilen. Danach war es sofort, ohne dass wir uns hätten abtrocknen können, wieder runter in die kalte Zelle gegangen.

Ein barmherziger Wachtmeister brachte mich in die Krankenstube. Es stank bestialisch. Ein behäbiger Sanitäter, an dem weißen Kittel über der Polizeiuniform zu erkennen, wies mir ein Bett zu. Es war warm, feucht und dreckig, voll eingetrocknetem Kot und stank nach Urin. Ich behielt nur mein Hemd an und musste die anderen Klamotten unter das Bettgestell legen. Ich schlief sofort ein und durch bis zum nächsten Morgen.

Die meisten Kranken hatten Ruhr, konnten sich vor Schwäche nicht mehr zu dem Lokus schleppen, der in einem Glaskasten mitten im Raum stand. Viele starben in ihrem Dreck.

Jeder bekam drei Mal am Tag die gleichen Pillen, ganz egal, was ihm fehlte, und drei Mal dünne, wässrige, puplaue Haferflockensuppe.

„Hoch, ihr Simulanten, antreten zur Schwanzparade", keifte morgens vor der Essensausgabe der dicke Kerl in Uniform. Wie Gespenster wankten die abgemagerten Gestalten, sich gegenseitig festhaltend, stöhnend und wimmernd an dem feisten, grinsenden, gut genährten Ekel vorbei: „Wollt ihr wohl eure dreckigen Schwänze anheben, ihr Arschgeigen. Wehe, ich finde Sackratten bei euch. Ich schneid euch allen die Eier ab."

Damit war der morgendliche Appell beendet. Der aufgeblasene Kerl rutschte von der Tischkante, hängte den Kittel an die Tür, rief einen Kalfaktor im Gang und ließ sich Kaffee bringen. Die halb toten, skeletthaften Kranken bibberten am ganzen Leib, schlurften zu ihren stinkenden Betten zurück und ließen sich hineinfallen.
Schon nach zwei Tagen musste ich zurück in meine Zelle.

Und dann sah ich Mama zum ersten Mal nach diesen Wochen wieder. Gebeugt, eingefallen, weißhaarig, ihr langes Haar abgeschnitten, stand sie in einer Pfütze, die sich am Boden in dem niedrigen, kahlen, feuchten Raum gebildet hatte, in den ich, zusammen mit Dr. Joachim, gebracht worden war. Die Wände waren grau, der Putz abgeplatzt, silberne Kristalle glitzerten ringsum.

Mama blickte mich aus roten Augen an und fragte mit heiserer, fast tonloser Stimme, ob ich Hunger hätte. Meine Antwort wartete sie gar nicht erst ab, sondern zog eine Glasscherbe aus ihrer Manteltasche hervor und hielt sie mir hin: „Nimm, schneid dir die Pulsadern auf, wenn sie dich quälen. Es ist meine Brille. Sie hatten sie mir gelassen." Sie weinte und schnäuzte in ihren Mantelärmel.

„Quatsch, Mama, mir geht es doch gut!" Ich warf die Scherbe auf den Boden und drückte Mama fest an mich.

„Wie du meinst", flüsterte sie, hob die Schultern und ließ sie wieder fallen.

Dr. Joachim zupfte sich am Ohr und fragte zögerlich und sehr leise: „Haben Sie meine Frau gesehen?"

Mama schüttelte nur den Kopf.

–28–

Nur wenig später holten uns zwei Polizisten ab und brachten uns mit der S-Bahn nach Berlin ins jüdische Krankenhaus. Hier in der Pathologie herrschte der gefürchtete Gestapo-Lagerleiter Walter Dobberke, „Häuptling Dobberke", unterstützt von einigen Juden, die eine weiße Armbinde mit der Aufschrift „Ordner" trugen.

Wer auf Transport ging und wann, bestimmten die Ordner, nur die Zahl legte Dobberke fest.

Nachdem die Ordner unsere Personalien aufgeschrieben hatten, brachten sie uns einige Treppen hoch in einen der kahlen, ausgeräumten Krankensäle, in dem sich schon ungefähr ein Dutzend Menschen, meist jüngere Männer und Frauen, aufhielten. Auf einigen spärlich gefüllten Strohsäcken am Boden hockten oder lagen ältere Leute. Mama setzte sich dazu, ich wollte mich erst umgucken. Die Türen zu den Sälen auf diesem Gang waren alle geöffnet. Draußen liefen einige hin und her, andere gingen von einem Saal in den anderen. Zwischen den umherschleichenden, gestikulierenden, sich ängstlich umsehenden Menschen patrouillierten Ordner, die für Ruhe und Ordnung zu sorgen hatten.

Am frühen Abend wurde die gleiche Wassersuppe verteilt wie in Potsdam. Mama schob mir ihren Blechnapf zu und behauptete, dass sie nichts runterkriegen könne. Ich zögerte nicht, griff, nachdem ich meinen geleert hatte, auch nach diesem Napf, hielt ihn mit beiden Händen an den Mund und kippte den Inhalt, ohne abzusetzen, einfach hinunter.

Bald danach wurde es Nacht. Ein hektisches Hin und Her war zu hören, gebückte Gestalten schlichen sich lautlos aus dem Saal, andere kamen aus entfernteren Sälen in unseren Raum. Am Tag getroffene Verabredungen wurden jetzt eingehalten, Versprechungen jetzt eingelöst. Für andere begann die ungewisse Suche nach einem Partner. Mäntel und Decken, die auf dem Boden lagen, wechselten ihre Plätze, unterdrücktes Kichern, gedämpftes Fluchen, gequältes Stöhnen und ab und zu jämmerliches Weinen und Wimmern waren leise zu hören. Nur die ganz Alten, die Kinder, die Kranken und die allzu Erschöpften blieben an ihren Plätzen, und auch diejenigen, die zusammen als Paar geschnappt und hierher eingeliefert worden waren. Sie versuchten zu schlafen. Das gespenstische Umherschleichen nahm erst gegen Morgen ein Ende, als jeder wieder seinen zugewiesenen Platz einnahm. Als es hell wurde, war die kurze Lust vergessen, die Angst kehrte zurück, die Ungewissheit, wie es enden würde, ob man davonkommen, ob die Russen es schaffen würden, ob sie einen befreien würden, ehe die SS alle umgebracht hatte.

Gerüchte schwirrten durch das Haus, die Männer standen in Gruppen auf den Gängen, palaverten, stritten, flüsterten, redeten mit Händen und Füßen, einige wussten es ganz genau, hatten ihre Beziehungen spielen lassen, hatten ihr Wissen von einem Ordner, der es von dem SS-Pförtner am Eingang gehört hatte, der enge Drähte zur Prinz-Albrecht-Straße hatte: Die Rote Armee stand angeblich schon an der Oder, Frankfurt war erobert, die Gestapo vernichtete alle Unterlagen, hatte sich schon Zivilklamotten bereitgelegt, würde über Nacht verschwunden sein.

Diese Diskussionen wiederholten sich täglich. Wir klammerten uns an diese Gerüchte, die ein schnelles Ende prophezeiten, einige planten schon, wie sie die Greifer, denen viele hier zu verdanken hatten, dass sie geschnappt worden waren, bestrafen würden. Stella Kübler, ein blondes, engelhaft schönes Mädchen, begegnete ich gleich in den ersten Tagen hier in der Schulstraße, auch ihrem widerlichem Freund Isaaksohn, groß, Ledermantel, Schlapphut. Beide sahen nicht nur aus wie Propagandafiguren der SS, sie agierten auch so. Wenn sie gewusst hätten, dass ich dabei gewesen war, als wir die Femeurteile für sie formuliert und abgeschickt hatten! Zweifelsohne hatten wir ihnen damit einen gewaltigen Schrecken eingejagt, auch wenn es ansonsten nicht viel geändert hatte.

Es war nicht sehr schwer herauszubekommen, dass auch Hilde Bromberg hier im Haus festgehalten wurde, in einem Saal ganz in unserer Nähe. Als ich zu ihr geführt wurde, fand ich nicht mehr die attraktive Frau vor, als die Onkel Hans sie immer beschrieben hatte. Sie hockte am Boden, aufgedunsen, verfilztes, ungekämmtes Haar, nur mit einem Unterrock bekleidet, in eine Decke gehüllt und ständig in Bewegung, keine Minute saß sie ruhig, fast ununterbrochen krächzte sie, warf den Kopf nach hinten, nach rechts, nach links, zuckte mit den Schultern, hauchte den vorbeigehenden Männern Kusshändchen zu, lächelte jeden an, winkte in die Gegend und flüsterte mir zu, dass sie schon mehrere Wochen in der Schulstraße sei, von meinem Vater nichts gehört habe und sich freue, mich zu sehen und zu hören, dass meine Eltern ebenfalls verhaftet worden waren. Sie grinste, als sie mir voller Überzeugung zu erklären versuchte: „Winkler macht es richtig, je mehr Leute mit hineingezogen werden, umso länger dauern die Vorbereitungen für den Prozess. Das ist die Chance für uns alle." Sie machte eine kurze Pause, winkte einem jungen Mann hinterher und fuhr dann leise fort: „Der Volksgerichtshof klagt alle wegen Hoch- und Landesverrat, Wehrkraftzersetzung und Feindbegünstigung an. Keiner kommt davon."

„Woher weißt du das alles?", fragte ich skeptisch.

„Frag nicht, ich weiß es", gab sie ungeduldig zurück.

„Aber Juden werden doch gar nicht angeklagt?", fragte ich ungläubig.

„Stimmt, wir werden umgebracht, weil wir Juden sind", antwortete sie kopfnickend.

„Und warum sind wir dann noch da?"

„Die behalten uns noch, bis der Prozess beginnt, für Verhöre und so. Deswegen haben sie uns bis jetzt auch noch nicht in ein KZ geschickt. Solange wir noch in den Krallen der Justiz sind, wird man uns am Leben lassen."

Das leuchtete mir ein.

Kurze Zeit, nachdem ich Hilde getroffen hatte, waberte das Gerücht durchs Haus, dass der nächste Transport zusammengestellt würde, aber diesmal nach Theresienstadt. Die Leute diskutierten in kleinen Gruppen auf den Gängen und in den Sälen, was das zu bedeuten habe. Waren die Vernichtungslager in Polen schon von den Russen befreit worden? Warum schickte man junge Menschen, die noch arbeiten konnten, nach Theresienstadt? Das Palaver hielt noch einige Tage an, dann wurden Namenslisten ausgehängt. Mamas Name stand auf der Liste des 116. Transports nach Theresienstadt, ziemlich weit oben.

Ich las die Liste mehrmals durch, meinen Namen fand ich nicht. Ich ging sofort zu einem der Ordner und bat darum, den Fehler zu berichtigen, oder, falls ich diesem Transport nicht zugeteilt war, Dobberke zu sagen, dass ich mich freiwillig melden würde. Ich wollte unbedingt mit Mama mitkommen und war sicher, dass man jemanden, der sich freiwillig für den Transport in ein KZ meldete, nicht abweisen würde. Ich umarmte Mama und wich in den nächsten Tagen keinen Schritt mehr von ihrer Seite. Sie schien zu schwach, um sich ernsthaft gegen meinen Entschluss wehren zu können.

Als sich kurz vor dem Transporttermin der Ordner sehen ließ, den Kopf schüttelte und mir mit herabhängenden Armen verkündete, dass der SS-Häuptling es strikt abgelehnt hatte, mich mitzuschicken, war ich verzweifelt. Ich erinnerte mich daran, was Hilde Bromberg gesagt hatte. Vermutlich hatte sie Recht. Der Prozess wurde noch vorbereitet. Aber warum wollte man dann Mama wegschicken? Das machte nur unter einer Bedingung Sinn, ging es mir durch den Kopf, und mir wurde heiß und kalt bei dem Gedanken: Der Schutz durch den „arischen" Ehemann war erloschen. Papa lebte nicht mehr. Er hatte das Veronal genommen oder er war umgebracht worden.

Aber es gab überhaupt keine Möglichkeit, sich Gewissheit zu verschaffen. Ich wollte Mama nicht noch mehr beunruhigen und behielt meine Vermutung für mich.

Einige Tage vor dem 2. Februar, dem Tag, an dem der Transport abgehen sollte, wurde ich von zwei Ordnern abgeholt. Ich konnte mich noch in aller Ruhe von Mama verabschieden, die wider Erwarten sehr gefasst wirkte.

Ich wurde in den Bunker gebracht, einen Raum zu ebener Erde, kalt, feucht, nur mit einer Eisentür. Kein Fenster, nur ein ausgelassener Ziegelstein an der Außenwand ließ etwas frische Luft herein. Von der niedrigen Decke hing an einem Kabel eine Glühbirne, die Tag und Nacht brannte, aber nur wenig Helligkeit verbreitete. Das Mobiliar bestand aus zwei wackligen Hockern und einem ebensolchen Tisch. Keine Pritschen, keine Matratzen, nur ein paar Decken, die zum Schlafen auf dem Steinboden ausgebreitet wurden. Es waren noch sieben, acht jüngere Männer in dem

Raum, alles Burschen, bei denen Dobberke Fluchtgefahr witterte. Nachdem man mich beschnuppert hatte, erzählten mir einige ihre Geschichte. Die meisten waren in ihren Verstecken aufgespürt worden, andere waren verraten worden, einige hatten auf dem Transport in die Vernichtungslager fliehen können. Einem sollte das Ritterkreuz verliehen werden, aber der dafür erforderliche Ariernachweis war nicht koscher. Ein anderer war „Arier", hatte aber Juden versteckt.

Zwei Mal am Tag wurden wir eine Treppe nach oben geführt, wo wir die Toilette benutzen und uns wenigstens die Hände waschen konnten.

Schon bald hatte einer von uns die Idee, einen Ausbruchsversuch zu wagen. Wir kratzten unterhalb des ausgelassenen Ziegelsteins die Mörtelfugen mit unseren Löffelstielen aus und lockerten so viele Steine, dass wir die Wand durchbrechen konnten. Den Mörtelstaub hatten wir zusammengeklaubt, in die Hosentaschen gesteckt und vor- und nachmittags in das Toilettenbecken geworfen. Niemand konnte ahnen, dass ausgerechnet an der Stelle vor dem Gebäude Sand für Luftschutzzwecke gelagert wurde, der nun, erst langsam, dann immer schneller, in unseren Raum rieselte. Die Posten draußen gaben Alarm, der Versuch ging in die Hose.

Nun lernten wir Dobberke persönlich kennen. Unter Gewehrkolbenschlägen und Stößen wurden wir in sein Büro getrieben. Er gebärdete sich, aus dem Schlaf gerissen, wie ein Tobsüchtiger, nahm einen ledernen Ochsenziemer vom Haken und schlug wie ein Berserker auf uns ein. Keiner brach zusammen, niemand jammerte. Als er sich ausgetobt und eine Zigarette angezündet hatte, scheuchte er uns in einen anderen, sehr engen Raum, wo wir ohne Licht und Luft drei Tage bei Wasser und Brot verbringen mussten. Als wir unseren

Bunker, der durch unseren Fluchtversuch nicht gleich wieder brauchbar war, nach drei Tagen erneut beziehen mussten, ließ Dobberke uns durch einen Ordner eine Schachtel Zigaretten hereinwerfen.

–29–

Ohne sichtbaren Grund wurde ich eines Tages aus dem Bunker herausgeholt und von einem Polizisten in das Polizeipräsidium am Alexanderplatz eingeliefert. Zuvor hatte mir ein Ordner noch ein halbes Brot zugesteckt, als Reiseproviant, wie er sagte.

In dem großen, roten Ziegelbau ging es eine Wendeltreppe hinunter, einen kahlen, langen Gang entlang, an dessen Ende eine Eisentür aufgeschlossen wurde. Ein Mann vom Sicherheitsdienst, in gleicher grauer Uniform wie die SS, nur, dass auf den schwarzen Spiegeln keine SS-Runen prangten, sondern SD stand, schloss auf und drückte mich hinein. Ein übler Gestank schlug mir entgegen, und ein babylonisches Stimmengewirr dröhnte in meinen Ohren. Ich wühlte mich durch die Menge der herumstehenden Menschen hindurch. Einige Männer saßen am Boden, und ich musste mich in Acht nehmen, nicht auf sie zu treten. Ich bewegte mich ziellos weiter, bis ich die gegenüberliegende Wand erreichte, wo die Menschenmenge etwas lichter wurde, und ich mich in Ruhe umsehen konnte. Erst jetzt merkte ich, dass das halbe Brot, das ich die ganze Zeit unterm Arm festgeklemmt hatte, nicht mehr da war – geklaut.

Der Saal war nicht sehr hoch, gegenüber der Tür, durch die ich hereingekommen war, befand sich unter der Decke ein langes, breites Fenster, das trotz des dreckigen Glases auf der anderen Seite des Hofs ein mehrgeschossiges, unverputztes, braunes Klinkergebäude mit vergitterten Fenstern erkennen ließ. An einer der Wände im Saal standen etwa 60 massive Holzpritschen, viele übereinander, andere einzeln. Ich fragte einen jungen Mann, der neben mir stand, wie viele Leute denn in diesem Raum untergebracht waren.

„Hier sind ungefähr 300 Mann drin, gedacht war der Raum mal für 40 Häftlinge." Dann zeigte er auf eine Bretterwand hinter mir und meinte: „Dahinter kannste dich auf zwei Kloschüsseln ausscheißen. Sind beide aber schon seit langem verstopft. Die ganze Scheiße und die Pisse läuft hier lang", dabei zeigte er auf die Kotbrocken am Boden. „Jeden Morgen muss aufgewischt werden. Viele gehen gar nicht mehr hinter die Wand. Die lassen alles fallen, wo sie gerade stehen."

Die meisten im Raum sprachen russisch oder andere slawische Sprachen. Nach längerer Zeit entdeckte ich Dr. Joachim, der auch aus dem jüdischen Krankenhaus hierher gebracht worden war. Er hockte auf einer Pritsche und döste apathisch vor sich hin.

So viele dreckige, zerlumpte, stinkende Männer hatte ich noch nie gesehen. Viele von ihnen sahen gefährlich aus und machten einen gewalttätigen Eindruck. Einige Russen schienen ganz offensichtlich, zumindest bei ihren Landsleuten, das Sagen hier im Saal zu haben. Ein Holländer, der schon einige Zeit hier drin war, klärte mich auf, dass die meisten in diesem Saal Kriminelle, ja sogar Schwerverbrecher waren.

Schon nach kurzer Zeit fing es mich überall zu jucken an. Viele Männer saßen mit nacktem Oberkörper auf dem Steinboden, ihre Klamotten vor sich auf dem Schoss, und knackten Läuse, Flöhe, Wanzen und was noch so alles juckte. Ich tat dasselbe.

Am späten Vormittag wurde die Tür aufgeschlossen, und alle gingen auf den langen, kaum erleuchteten Gang, um Essen zu fassen. Zwei Kalfaktoren hatten die großen Kübel aus der Küche geholt, alle Gefangenen mussten an ihnen vorbeilatschen und ihren Blechnapf hinhalten – sie erhielten eine Kelle mit dünner Kohlsuppe. Danach schlurfte jeder wieder in den stinkenden Saal zurück, um dort den inzwischen kalt gewordenen Inhalt der Schüssel hinunterzuspülen.

Schon bald nach meiner Ankunft im Alex wurde einer der beiden Kalfaktoren, ein stämmiger Russe, herausgeholt und kam nicht mehr zurück.

Es ging nun alles sehr viel langsamer, nur ein Mann gab die dünne Suppe aus, und die Schlange der Gefangenen auf dem Flur schien endlos. Die hohlwangigen, abgezehrten Gestalten bewegten sich nur allmählich vorwärts. Ich war einer der Letzten in der Reihe. Während ich noch dabei war, mit den Fingern die paar Kohlblätter herauszufischen, bemerkte ich, dass ich der Einzige war, der noch nicht eingeschlossen war. Der Kalfaktor schleppte schon einen der beiden leeren Kübel fort. Der Mann vom Sicherheitsdienst drehte grade den Schlüssel im Schloss, drehte sich um, hielt verblüfft inne, als er mich sah, und brüllte dann aufgeregt in den Gang: „Was machst du denn noch hier draußen?"

Er war schon dabei, die schwere Tür wieder aufzuschließen, da sagte ich freundlich: „Ist schon in Ordnung, Herr Wachtmeister, ich bin der neue Kalfaktor."

Der ältere Beamte atmete deutlich auf, ihm war also kein Fehler unterlaufen, lief zufrieden an das Ende des Flurs, setzte sich auf seinen Stuhl und faltete eine Zeitung auseinander. Mit dem Russen, der wieder zurück war, astete ich nun den Zweiten der leeren 80 Liter-Kessel fort. In der großen, gekachelten Küche traf ich die anderen Kalfaktoren, alle quatschten, lachten und mampften. Man bot mir sofort gekochte Eier, rohe Mohrrüben und Brot an. Ich fühlte mich noch unsicher, hatte Angst, dass man den Schwindel herausfinden würde, steckte aber so viel ich konnte in den Mund.

Bei der abendlichen Essenausgabe lief alles wie geschmiert. Vor dem Einschließen in den Saal konnte ich mir zwei Decken mitnehmen; ich solle mir eine Pritsche frei machen lassen, sagte der Wachmann, die stehe einem Kalfaktor zu. Auch das ging ohne Knurren.

Am nächsten Tag lernte ich, wie man aus der Wassersuppe ein kräftiges, himmlisch schmeckendes Essen zaubern konnte. Unter den Augen des Beamten zog ich mit Bedacht aus der Tiefe des Kessels zwei Kellen randvoll „Dickes" hoch und füllte mir damit zwei Blechschüsseln. Das „Dicke" bestand aus Kartoffeln, Gemüse und sogar einigen Fleischfasern.

„Wer arbeitet, muss auch essen", meinte wohlwollend der grau Uniformierte.

Eine weitere bis zum Rand gefüllte Schüssel stellte ich mir für den Abend zurück. Nach einigen Tagen, als mein Hunger gestillt war, nahm ich das Essen für Dr. Joachim in den Saal mit.

Auch der andere SD-Mann, der auf diesem Flur Dienst machte, hatte sich schnell an mich gewöhnt und ließ sich allmorgendlich, wenn er seine Arbeit begann, von mir seine hohen Stiefel putzen. Dafür bekam ich eine Zigarette, die ich den Köchen gab.

Sobald wir beiden Kalfaktoren morgens um fünf herausgeholt wurden, ging die Arbeit los: Aus einigen kleineren Sälen, die zu unserem Bereich gehörten und in denen nur wenige deutsche Häftlinge untergebracht waren, mussten wir hölzerne Kübel, die als Toiletten dienten, herausholen und entleeren. Als Nächstes mussten wir zwei Eimer Wasser aus der Küche holen, sie über den Steinboden des langen Flurs ausschütten und mit Wischlappen das Wasser wieder aufnehmen. Die gleiche Prozedur wiederholte sich am Nachmittag. Morgens und abends kam noch die Verteilung der lauwarmen Plörre und der Brotscheiben dazu. Die Wachleute, die hier unten Dienst hatten, kannten mich nach ein paar Tagen alle und waren freundlich zu mir, vielleicht, weil ich einer der wenigen Deutschen hier war, und vielleicht, weil sie merkten, dass ich kein Verbrecher war, jedenfalls keiner wie die meisten hier in den Sälen. Außerdem arbeitete ich zu ihrer Zufriedenheit. Ab und zu bewegte sich auch mal ein Polizeioffizier oder ein SS-Mann mit forschem Schritt über den Flur, dann versuchte ich mich unsichtbar zu machen. Schon bald schwand meine Furcht, tagsüber wieder eingesperrt zu werden.

Doch nach einer Woche täglicher Arbeit, fairer Behandlung und Essen ohne Ende war mein Kalfaktordasein mit einem Mal in großer Gefahr. Ich spürte an diesem Abend eine eigenartige, hektische Atmosphäre unter den vielen Menschen im Saal. Die Männer standen in Gruppen, diskutierten flüsternd, einige rieben sich die Hände, als freuten sie sich auf etwas, andere hauten sich gegenseitig auf die Schultern. Um die Respektspersonen der Russen drängten sich Menschentrauben.

Mit mir sprach niemand, ich fühlte, dass ich geschnitten wurde. Als mir nach einer Weile der baumlange Holländer einen Fluchtplan erklärte, der in dieser Nacht umgesetzt werden sollte, löste sich ein widerlich aussehender, kräftiger, untersetzter Russe aus einer der diskutierenden Gruppen, kam auf mich zu, schob den Holländer beiseite, stellte sich breitbeinig vor mich hin, packte mich an den Schultern und zog mich zu sich heran. Seine stechenden Augen ließen mich nicht los. Mit seiner kehligen, rauen Stimme sagte er drohend in holprigem Deutsch dicht an meinem Ohr: „Wir machen dich kaputt, panimajesch, du tot, wenn klopfen ... kkrrr, so", und dabei zog er seinen Daumen über seinen Kehlkopf. Ich nickte nur wortlos, mir wurde angst und bange.

Ich war in einer ausweglosen Lage. Was sollte ich machen? Wenn ich den Plan verpfiff, würden mich die Russen totschlagen, daran war nicht zu zweifeln. Wenn ich nichts unternahm, würde mich der SD zur Verantwortung ziehen. Während ich noch grübelte, heulten die Sirenen, Fliegeralarm.

Und dann ging's los: Bomben schlugen ein, detonierten, das Geräusch von berstendem Mauerwerk. Die Flak bellte in ununterbrochener Folge. Wie Blitze erhellte das Mündungsfeuer für Sekundenbruchteile den Saal.

Zwei Mann benutzten eine der schweren Pritschen als Rammbock und schlugen im Gleichklang der Detonationen gegen das Schloss in der kleinen Eisentür, die zum Hof führte. Im Rhythmus der Einschläge feuerten die Russen ihre Kumpel an.

Endlich schien es geschafft, die Tür sprang auf. Die ersten Russen rannten los, sprangen am gegenüberliegenden Haus an eine Feuerleiter, kletterten hoch. Plötzlich ging ein Schuss los. Die Wachen brüllten, pfiffen, schossen. Der Letzte, der geflohen war, humpelte zurück, zwei weitere stiegen die Treppe runter, hoben die Arme hoch, wurden abgeführt. Die Posten stellten sich in die offene Tür, drängten mit ihren Karabinern die herausquellenden Leiber zurück.

Der Fluchtversuch war misslungen.

Die Tür zum Gang wurde aufgeschlossen, unter Schlägen mit Feuerhaken und Schaufeln auf Hinterkopf und Rücken wurden wir die Wendeltreppe hoch zur ersten Etage getrieben, die Karabiner im Anschlag. Wir mussten uns in Viererreihen aufstellen. Ein SS-Offizier kam angerannt, sein verzerrtes Gesicht hochrot verfärbt, eine Pistole in der Hand, und brüllte mit sich fast überschlagender Stimme: „Ihr werdet alle erschossen, ihr Saupack, ihr verdammtes." Er rannte mehrmals vor uns auf und ab, steckte dann, vor Wut zitternd, die Pistole in den Halfter. „Ich werde euch verhungern lassen, ihr Scheißbande. Für euch ist jede Kugel zu schade", krächzte er heiser, machte auf der Stelle kehrt und zischte ab.

Mehrere Polizisten drängten uns nun gewaltsam in einen viel zu kleinen Raum. Mit Kolben, Fußtritten und ihren Körpern schoben sie uns hinein, zuletzt nur noch zentimeterweise, bis sie die Tür endlich zudrücken konnten. Drinnen war es so eng, dass wir fast erstickten. Keiner war in der Lage, sich zu rühren, die Position auch nur geringfügig zu ändern. Keiner sprach ein Wort, Atmen fiel schwer, die Hitze wurde unerträglich, es juckte wie verrückt, an Kratzen war nicht zu denken, einzelne Glieder schliefen ein, Beine wurden schwer.

Am nächsten Morgen wurde aufgeschlossen. Alle drängten heraus, holten tief Luft, bewegten sämtliche Gliedmaßen, sprangen, dehnten sich, schüttelten sich so lange, bis das besonders in den Beinen gestaute Blut wieder zirkulierte. Wir wurden wieder in den alten Saal getrieben. Wo die Tür zum Hof gewesen war, erhob sich nun eine unverputzte Mauer.

Der Wachmann, der mich schon fast freundschaftlich behandelt hatte, rief, bevor er den Saal abschloss, wütend in die Menge, dass die Kalfaktoren herauskommen sollten. Ich bahnte mir verängstigt einen Weg durch die noch immer sich reckenden und hopsenden Gefangenen nach vorn, wartete, bis auch der Russe da war, und ging mit ihm nach draußen auf den SD-Mann zu. Er stemmte die Arme in die Hüften und sah nur mich an. Der Russe schien für ihn Luft zu sein. Mir zitterten die Knie, ich betete, dass die Strafe nicht zu hart ausfallen möge, als ich gefragt wurde, warum ich den Fluchtplan nicht gemeldet hatte.

„Sie wissen selbst, Herr Wachtmeister, dass die Russen mich umgebracht hätten, wenn für sie auch nur der leiseste Verdacht bestanden hätte, dass ich angeklopft hätte." Ich spürte, dass der Mann

mir in seinem Innersten Recht gab: „Sie können doch so etwas nicht von uns verlangen, nicht wenn wir jeden Abend wieder mit den anderen Gefangenen zusammen eingeschlossen werden."
Der Wachmann schien das einzusehen.

Kurze Zeit nach dem Verhör bekam ich zusammen mit dem Russen eine Etage höher eine Kalfaktorenzelle zugewiesen.

Die Vorzüge, die ich zuvor genossen hatte, waren schon im Vergleich zu der Behandlung der anderen Gefängnisinsassen einmalig, gar nicht zu reden davon, dass ich wahrscheinlich einer der wenigen Juden war, der nicht in einem KZ, sondern in einem Gefängnis einsaß.

Was uns nun geboten wurde, war, gelinde gesagt, das Schlaraffenland: Jeder bekam ein eisernes Bettgestell mit Matratze und sauber bezogener Wäsche, wir hatten einen Tisch und vier Hocker und konnten tagsüber jederzeit rein und raus, erst zur Nacht wurden wir eingeschlossen. Wir fanden Seife und einen, zwar angerosteten, aber brauchbaren Rasierapparat vor und erhielten eine Tube graue Salbe vom Wachtmeister, um unsere Läuse auszurotten. Noch am selben Tag durften wir uns gewaschene und desinfizierte alte Sommeruniformen der Polizei aus der Kleiderkammer holen und unsere alten Sachen auskochen lassen. Die Uniformen und unsere Bettwäsche konnten wir jederzeit in die Wäscherei bringen, und wir durften die Duschen benutzen, die eigentlich nur für die Wachmannschaften vorgesehen waren.

Im ersten Augenblick konnte ich das alles nicht fassen, dachte aber nicht lange nach – ich hatte ein unglaubliches Glück gehabt. Wahrscheinlich wusste hier niemand mehr, wer ich war und warum ich überhaupt hier drin war. Durch die neuen Dienste, die Wäscherei, die Desinfektion, die Kleiderkammer, die ich nun benutzen durfte und in denen überall Häftlinge arbeiteten, fand ich, neben den Leuten in der Küche, weitere Freunde, die mir jeden Gefallen taten. Nur über Papa oder über die anderen in Luckenwalde Verhafteten konnte mir niemand eine Auskunft geben.

Bei Fliegeralarm am Tag mussten wir in den Luftschutzkeller. Der Fahrstuhl, der aus den oberen Stockwerken kam, wo sich die Büros des Polizeipräsidiums befanden, war immer besetzt mit hohen SS-Führern, Gestapobeamten, Polizeioffizieren und anderen Bonzen. Ich drängte mich sofort in eine Ecke, machte mich klein und versteckte mich hinter dem Rücken einer der uniformierten Gestalten. Diese Momente im Fahrstuhl und der Aufenthalt im Keller machten mir große Angst, obwohl ich mir sicher war, dass niemand auch nur auf die leiseste Idee kommen würde, dass einer wie ich unter ihnen weilen könnte.

Mein täglicher Blick in die Zeitung der Wachleute war schon zur Selbstverständlichkeit geworden. Es war mittlerweile Mitte April 1945, und ich war, wie jeder andere außerhalb der Gefängnismauern, darüber informiert, wie die Fronten standen. Der Krieg konnte nicht mehr lange dauern. Die Russen waren schon in den Vororten von Berlin und kämpften sich rasch in Richtung Stadtmitte vor.

Als es eines Morgens noch vor der Muckefuckausgabe hieß, alle Kalfaktoren hätten sich sofort bei den Wachmannschaften ihrer Bereiche zu melden, bekam ich einen Schreck und befürchtete, dass ich wieder eingesperrt werden würde.

Stattdessen wurden wir auf den Hof geführt. Seit langer Zeit spürte ich zum ersten Mal frische Luft, warme, frische Frühjahrsluft, sah blauen Himmel über mir. Aber nicht lange, die Luft biss bald in den Augen, es roch brenzlig, Rauchschwaden stiegen auf, es stank und qualmte. Die Kisten und Kartons, die gebundenen Stapel Papier, die Ordner und Aktenstöße, die Dokumente, Papiere, Unterlagen, die in großen Haufen herumlagen, mussten verbrannt werden.

Ein Beamter goss aus Kanistern Benzin über die Aktenberge, dann zischte es, brannte lichterloh, in Körben und Kästen neu herangebrachte Papiere wurden in die Flammen geworfen. Einige Kalfaktoren stocherten mit Feuerhaken in der Glut, drehten die angekohlten, schwelenden Akten herum, gaben dem Feuer neue Nahrung. Es nahm kein Ende, immer mehr Papier musste verbrannt werden. Einer hielt einen Wasserschlauch in die Glut, um die Aschenberge auszukühlen, ein anderer entfachte neues Feuer. Gestapo- und SS-Leute kamen, inspizierten und stocherten in den glühenden Haufen herum und warfen Neues dazu. An einer Hauswand lagen, gestapelt wie Baumstämme, Leichen übereinander, etwa einen Meter hoch. Sie waren nackt, dunkelbraun und dunkelgrün, glatt und glänzten in der Sonne, vermutlich auch verbrannt.

Es dauerte Stunden, bis alles vernichtet war, auflodnerndes Feuer musste immer wieder erstickt werden. Bei Polizei und Gestapo herrschte schon das Chaos, das Ende konnte nicht mehr weit sein.

… — 30 —

Drei Tage nach der Aktenvernichtung im Hof rief mir der SD-Mann auf unserem Flur zu, dass ich die alte Polizeiuniform in der Kleiderkammer abgeben und meine Sachen wieder anziehen sollte: „Du kannst heute noch nach Hause gehen", meinte er gönnerhaft und grinste mir ins Gesicht.

„Ehrlich?", fragte ich argwöhnisch und drückte den nassen Lappen aus, der sich beim Aufnehmen des Wassers, das ich über den Flur ausgeschüttet hatte, voll gesaugt hatte.

„Ja, sicher, alle werden heute von hier entlassen", war die Antwort.

„Und was ist mit dem Alten, dem Dr. Joachim, der in dem großen Saal ist?", wollte ich noch wissen.

„Der wurde vorhin abgeholt. Ab nach Oranienburg", antwortete der Beamte, steckte sich eine Zigarette an und ging zu seinem Stuhl am Ende des Gangs. Ich nahm drei Stufen auf einmal und war im Nu oben, zog mich um und brachte die Polizeiklamotten weg.

„Bleib in deiner Zelle und warte, bis man dich holt", rief mir der Wachmann entgegen.

Der Russe, mein Zimmernachbar und Kollege, ließ sich nicht blicken. Je länger ich allein oben wartete, umso skeptischer wurde ich. Es vergingen Stunden der Ungewissheit, des Grübelns, der Angst.

Endlich erschien ein Polizist in der offenen Tür, lief mit mir über lange Flure, Treppen rauf, Treppen runter, bis wir in einer großen

Halle ankamen. Eine Ansammlung von etwa zwei Dutzend Männern stand herum, alle sprachen deutsch und sahen sauber und gepflegt aus. Der Polizist stellte mich dazu, obwohl ich von meiner Aufmachung her gar nicht dazupasste.

Sie seien alle verdächtig, an dem Anschlag vom 20. Juli beteiligt gewesen zu sein, flüsterte mir einer der Männer auf meine Frage zu.

„Und was werden die nun mit uns machen?" Ich sah mich um, ob noch mehr Gefangene zu uns kamen.

„Die werden uns entlassen. Zum Prozess wird es nicht mehr kommen, dafür reicht die Zeit nicht mehr, Gott sei Dank!" Der Mann faltete die Hände und blickte an die Decke. Meine Zuversicht begann zu wachsen.

Alle Männer der Gruppe wurden namentlich von einem Polizisten aufgerufen und mussten zur Seite treten. Ich stand immer noch wie festgewachsen an der gleichen Stelle und wartete darauf, meinen Namen zu hören. Nichts. Vielleicht hatte man mich vergessen. In diesem Moment kam ein Grünuniformierter auf mich zu, drehte mich um, riss erst meinen rechten Arm, dann den linken nach hinten, haute den geöffneten Ring der Handschelle über mein Handgelenk, sodass die Zähne ineinander rasteten, und legte dann den anderen Ring über meinen zweiten Handknöchel. Nichts mit freilassen, diese Hoffnung konnte ich begraben. Die Attentäter wurden auch weggebracht, aber nicht, wie ich, gefesselt.

Zwei grün uniformierte Polizisten, jeder hatte einen Karabiner geschultert, nahmen mich in ihre Mitte und marschierten mit mir aus dem Portal hinaus. Sie wandten sich nach links, wir gingen über den Hackeschen Markt, dann ein kleines Stück die Oranienburger Straße lang und bogen nach rechts in die Große Hamburger Straße ein. Ich nahm auf dem Weg fast nichts wahr, folgte den beiden wie in Trance. Vage registrierte ich, dass wir an der Mauer des Friedhofs entlangliefen, der neben der jüdischen Mittelschule lag. Vielleicht würde ich hier erschossen werden und musste mir vorher noch selbst das Grab schaufeln ... Die Angst wuchs riesengroß, die Beine begannen zu zittern, es fiel mir schwer, weiterzulaufen. Aber die beiden Grünen stießen das große Portal des Hauses auf, das neben der Mauer lag. Es war das ehemalige jüdische Altersheim.

Aus einer Portiersloge kam ein SS-Mann heraus, öffnete einen Umschlag mit Papieren, den ihm einer der Polizisten übergeben hatte, und brüllte mich fragend an: „Herman, Eugen Israel?" Ich nickte. „Ab mit ihm, in den Bunker Null."

Nachdem mir der Polizist die Metallfessel abgenommen hatte, packte mich ein anderer SS-Mann am Arm, führte mich zu einer schmalen, sehr niedrigen, glitschigen Treppe, ging vor, ich hinterher. Es roch modrig, die Wände waren feucht und schimmlig, dann ging es ein paar Schritte über schlüpfrigen, nassen Sandboden, danach noch weitere Stufen nach unten. Es war dunkel, der SS-Mann leuchtete mit einer Taschenlampe, dann standen wir vor einem Holzverschlag. Das Schloss wurde geöffnet, eine Lattentür knarrte beim Öffnen. Ich kriegte einen Schlag auf den Rücken und stolperte ins Leere, hörte, wie die Tür wieder zugeschlossen wurde.

Ein infernalischer Geruch nach Kot, Urin, Schweiß und Fäulnis umgab mich, dumpfe, nicht definierbare Geräusche, leise Flüche in unbekannter Sprache. Schepperndes Metall, absolute Dunkelheit. Sobald ich meine Füße vorwärts oder zur Seite bewegte, stieß ich an menschliche Körper, Ketten rasselten. Ich blieb geduckt stehen, der Raum schien sehr niedrig.

Allmählich konnte ich etwas erkennen. Eine Glühbirne draußen im Flur ließ etwas schummriges Licht durch die Holzlatten fallen. Ich schätzte, dass der Keller etwa fünf Meter lang und drei Meter breit war. Ich hockte mich auf den feuchten Boden. Eine schemenhafte Gestalt hatte sich im Hintergrund erhoben und bewegte sich tief gebückt, einen Fuß vor den anderen schiebend auf mich zu, blieb stehen, fummelte mit gefesselten Händen an seiner Hose und pinkelte in einen Blecheimer. Die Pisse spritzte mir ins Gesicht und auf meine Arme. Um den Spritzern auszuweichen, trat ich auf einen liegenden Körper, der zu fluchen begann, mir aber doch etwas Platz machte. Langsam konnte ich die Umrisse von etwa acht, neun Männern erkennen, die alle mit stark gekrümmtem Rücken am Boden saßen. Sie waren an Hand- und Fußgelenken mit breiten, dicken Eisenringen gefesselt. Außerdem waren ihre Hand- und Fußfesseln auch noch miteinander durch dicke Ketten verbunden, die zu kurz waren, als dass sie aufrecht hätten sitzen können.

Ich hatte so ein mittelalterliches Verließ noch nie gesehen. Jeden Moment kommt einer rein und verpasst mir auch so eiserne Manschetten an Händen und Füßen, das war alles, was ich denken konnte. Aber ich blieb davon verschont.

Niemand sprach mit mir. Es war gespenstisch, nur ab und zu unterdrücktes Fluchen, Kettenglieder klirrten bei jeder Bewegung, die Männer versuchten sich an der Wand zu reiben, das Ungeziefer juckte höllisch.

Das Gefühl für Zeit ging verloren. Ich wusste nicht, war es Abend oder schon Morgen, als Essnäpfe am Boden hereingeschoben wurden. Hintereinander, ich hockte an der Tür und reichte sie weiter. Der Inhalt war nicht zu erkennen. Es war für die meisten fast unmöglich, gefesselt, wie sie waren, die Blechnäpfe zu leeren. Wieder Fluchen, Rülpsen, Furzen. Nach einer Weile wurden die Schüsseln und der volle Pisseimer abgeholt.

Ich versuchte mit dem Mann neben mir ins Gespräch zu kommen. Er verstand mich und konnte auch auf Deutsch antworten, als ich ihn danach fragte, was die Männer verbrochen hatten, die hier unten wie Tiere gehalten wurden. „Alles Polen und Russen. Haben ermordet Deutsche, SS, haben erstochen SS-Männer, hier alles Mörder."

Das sind alles Todeskandidaten, dachte ich und wunderte mich nicht, wenn immer wieder einer abgeholt wurde und nicht zurückkam. Jedes Mal, wenn auf dem Gang Schritte hörbar wurden, zuckte ich zusammen, und mein Herz fing an, bis hoch zum Hals zu schlagen. Mein Nachbar rückte näher und raunte mir zu, dass wir alle zur Arbeit in einen Steinbruch kommen würden, der nicht weit weg sei. Ich hoffte flehentlich, dass er Recht hatte.

Nach der Anzahl der Wassersuppen zu urteilen, die wir erhalten hatten, seitdem ich hier unten war, waren fünf Tage vergangen, Tage voller Angst und wenig Hoffnung. Nach mir war keiner mehr hinzugekommen. Die wenigen Männer, die apathisch mit angezogenen Knien am Boden lagen, fürchteten jedes Mal, wenn die Tür geöffnet wurde, dass SS-Männer ihre Knarren hereinhalten und uns „auspusten" würden. Trotzdem, erschossen zu werden, das konnte ich mir nicht vorstellen. Ich hoffte immer noch, aus dieser gottverdammten Scheiße mit heiler Haut davonzukommen. Ich hatte keinen SS-Mann umgebracht und auch sonst niemanden ermordet. Und ich hatte als Einziger in diesem stinkigen Loch keine Fesseln angelegt bekommen.

Mein Kalender richtete sich nur nach der Essenszuteilung, demnach war es der 23. April, als Stiefel auf dem Gang zu hören waren. Der 23. April, mein 19. Geburtstag.

Das Licht einer Taschenlampe zuckte zwischen den Holzlatten hindurch, der Schlüssel drehte sich im Schloss, die Tür öffnete sich.

„Herman, raus", bellte draußen ein SS-Mann. Er schloss wieder zu, ich sollte ihm folgen. Es ging durch Pfützen die gleichen engen, schlüpfrigen Stufen hinauf, die ich vor kurzem hinabgestiegen war.

Schließlich stand ich wieder auf dem Pflaster im Eingangsbereich des Gebäudes. Tageslicht fiel durch Ritzen in dem hölzernen Torbogen und durch ein kleines Fenster. Der Mann, der mich abgeholt hatte, verschwand durch eine kleine Tür. Die Portiersloge war leer.

Plötzlich stand vor mir ein SS-Mann, einer wie aus dem Bilderbuch. Die Stiefel waren blitzblank gewienert, die Uniform saß wie nach Maß gefertigt. Groß, schlank, blond, blaue Augen, hartes Gesicht, ein „Herrenmensch" bis in die Haarspitzen. Den gelben Aktendeckel, in dem er geblättert hatte, klemmte er sich unter den Arm.

Er sah mich von oben bis unten an, mit einem Blick tiefster Verachtung. Die Arroganz in Person. Einige Sekunden lang herrschte Ruhe, als er dann den Ekel angesichts meines Anblicks überwunden zu haben schien, fragte er: „Herman?"

Mir war die Kehle wie zugeschnürt, ich nickte nur.

„Vorname?"

„Eugen."

„Israel", schrie er mich wutschnaubend an. Das Wort hallte durch das ganze Treppenhaus. Ich zuckte zusammen, beeilte mich, heftig kopfnickend zuzustimmen. All meine Hoffnung, heil aus diesem Schlamassel herauszukommen, schwand im Nu. Ich hatte Todesangst, zitterte, versuchte, nicht ohnmächtig zu werden. Für diesen Mann war ich kein Mensch, ich war eine Ratte, eine Laus, etwas, das nicht lebenswert war.

Ich nahm nicht wahr, dass er eine kleine Tür in dem großen Holztor aufschloss und wieder auf mich zukam. Erst als er mich hinten am Kragen packte wie ein Karnickel, wurde ich wieder hellwach. Der SS-Offizier hielt mich mit gestrecktem Arm vom Leib, vielleicht befürchtete er, dass Ungeziefer von mir auf ihn überspringen könnte, und schob mich bis zur Tür.

Mit einem kräftigen Schlag ins Kreuz warf er mich raus auf die Straße. Ich hatte keine Zeit zum Überlegen: Warum? Weshalb?

Ich war frei, in kürzester Zeit vom Tod zum Leben befördert.

Auf der Straße war kein Mensch zu sehen. Es war grau, die Sonne quälte sich durch die roten Wolken. Ein beißender Rauch machte das Atmen schwer. Brandgeruch stieg in die Nase, tat den Augen weh, zwang zum Husten. Ununterbrochener Geschützdonner in der Ferne, Maschinengewehre tackerten, wo genau, war nicht auszumachen. Häuserfassaden mit leeren Fensterhöhlen, Trümmer häuften sich rechts und links der schmalen Straße. Ab und zu bellten einzelne Schüsse.

Ich sah und hörte alles, nahm aber kaum etwas wahr, wiederholte nur immer die gleichen Worte: Lieber Gott, ich danke dir, lieber Gott, ich danke dir, und hüpfte dabei rasch vorwärts, wie früher als kleines Kind in unserer Straße, erst mit dem einen, dann mit dem anderen Fuß, hielt außer Atem vor einer zersplitterten Haustür an, zog meine vergammelte, stinkende Joppe voller Ungeziefer aus und warf sie über einen in die Höhe ragenden Eisenträger.

Eine wilde Freude kam hoch. Ich konnte endlich auftauchen. Mein Dasein als U-Boot hatte ein Ende, war vorbei. Nach 19 Jahren war ich noch einmal geboren worden.

Nachwort

Was geschah mit meinen Eltern, was mit den anderen Verfolgten und mit den tapferen Leuten, die nicht nur Kopf und Kragen riskiert hatten, um mir zu helfen, sondern die sich auch mit den geringen Mitteln, die ihnen zur Verfügung standen, gegen das Naziregime zur Wehr gesetzt hatten? Was passierte mit Tante Frida und Onkel Hans, ohne die ich sicher nicht überlebt hätte, was passierte mit Helga, mit den anderen Schulkameraden, mit Ruth aus Blankenburg, mit meinem Bruder, wie ging mein Leben weiter nach der Befreiung?

Mein Vater hat sich nach der Verhaftung aller Wahrscheinlichkeit nach mit dem Veronal, das er ja schon seit einiger Zeit bei sich getragen hatte, das Leben genommen. Meine Mutter wurde noch im Februar 1945 nach Theresienstadt deportiert, dort aber wenig später von der Roten Armee befreit.

Werner Scharff und Fancia Grün sind – nur kurze Zeit, bevor die Russen ganz Berlin besetzten – von der Gestapo ermordet worden. Für die nichtjüdischen Angehörigen der „Gemeinschaft für Frieden und Aufbau" sollte am 23. April 1945 vor dem Volksgerichtshof in Potsdam der Prozess beginnen. Die Anklagen lauteten auf Vorbereitung zum Hoch- und Landesverrat, Wehrkraftzersetzung und Feindbegünstigung. Durch den schnellen Vormarsch der Alliierten kam es nicht mehr zum Prozess. Alle sind befreit worden, sonst wäre niemand mit dem Leben davongekommen. Juden wurde kein Prozess gemacht, sie wurden umgebracht, weil sie Juden waren. Dass einige jüdische Mitglieder das Kriegsende überlebt haben – auch mein Rausschmiss durch den SS-Mann aus dem Keller in der Großen Hamburger Straße – ist nur mit dem enormen Chaos, das in den letzten Kriegstagen bei SS und Wehrmacht in Berlin herrschte, zu erklären.

Vom Schicksal Helgas, meiner ersten großen Liebe, habe ich viele Jahre später in der Gedenkstätte Yad Vashem in Israel erfahren. In den dicken, schwarzen Büchern mit den Namen der Ermordeten las ich dort, dass sie mit ihrer Mutter in Auschwitz-Birkenau umgebracht wurde.

Mein Freund Carlchen Grunwald, der mir das Fahrrad seines Bruders verkaufte, konnte sich noch einige Zeit in Berlin verstecken, nachdem man seine Eltern abgeholt hatte. Als man ihn fasste, kam er in verschiedene Konzentrationslager bis er, 17-jährig, im März 1945 im Lager Buchenwald an einer Lungenentzündung erkrankte und starb.

Ich habe viele Jahre zu erfahren versucht, wo mein bester Freund in der jüdischen Schule, Günther Landsberg, geblieben ist. Leider waren meine Bemühungen vergeblich.

Ruth, das wunderbare Mädchen aus Blankenburg, das sich Mühe gab, in mein unnatürliches Dasein Lebenslust zu bringen, wurde beim Einmarsch der Roten Armee vergewaltigt und starb wenig später an einer Bauchhöhlenschwangerschaft.

Von Salomons, die ihre wertvollen antiken Möbel bei meinen Eltern in der Belle-Alliance-Straße unterstellten, damit sie bis zu ihrer Rückkehr aufgehoben würden, habe ich nie wieder etwas gehört.

Frida und Hans Winkler sind mit Ruth und Horst nach Kriegsende noch ein paar Jahre in Luckenwalde geblieben, dann aber in den Westsektor von Berlin übergesiedelt, wo Hans Winkler eine Anstellung an einem Amtsgericht fand.

Als es meiner Mutter im Sommer 1945 wieder so gut ging, dass sie Theresienstadt verlassen konnte, bin ich mit ihr nach Luckenwalde gezogen.

Monja hatte bald nach Kriegsende durch das Rote Kreuz unseren Wohnort erfahren und besuchte uns in Luckenwalde. Er erzählte uns, dass er lange vor Ausbruch des Krieges von Riga nach Straßburg gegangen war. Er studierte dort Chemie, bis die Universität nach Clermont Ferrand evakuiert wurde, wo er 1940 sein Studium beendete. Später musste er sich bei Bauern in den Bergen vor der deutschen Besatzung verstecken, so lange, bis 1944 die Amerikaner zusammen mit den Franzosen diese Region befreiten. Ein Jahr später hat er die französische Staatsbürgerschaft erhalten. Er lebte bis zu seinem Tod im November 2002 in Frankreich.

Ich hatte nach Kriegsende keine Lust, einen Schulabschluss oder eine Berufsausbildung zu machen. Mir fehlte dazu auch die feste Hand meines Vaters. Einige Jahre blieb ich noch in der russischen Besatzungszone, ging dann aber nach Westberlin, um dort ein kurzes Gastspiel an der „Hochschule für Bildende Kunst" zu geben. Ich lernte dort kaum etwas, aber ich begegnete in der Klasse für Modegrafik meiner späteren Frau und heiratete sie kurz darauf. Wir hielten uns mit verschiedenen Jobs über Wasser, bis wir Anfang der 50er-Jahre beschlossen, für einige Jahre Europa zu verlassen und nach Kanada zu gehen. In Toronto eröffneten wir mit sehr wenig Geld das erste deutsche Restaurant. Es war nur klein und eine Knochenmühle, wurde aber ein Riesenerfolg. Drei Jahre später verkauften wir alles und kehrten nach Deutschland zurück.

In den Jahren darauf arbeitete ich einige Jahre für ein großes Textilunternehmen in Deutschland und Italien und wechselte dann zu einem multinationalen Chemiekonzern mit Sitz in Deutschland. Ich war für die Öffentlichkeitsarbeit innerhalb der Europäischen Gemeinschaft verantwortlich, so lange, bis mein Sitz nach Brüssel verlegt werden sollte. Da wir mit unseren drei Kindern nicht umziehen wollten, arbeitete ich noch einige Zeit für einen amerikanischen Hersteller für Herrenbekleidung und baute den Vertrieb in Deutschland auf.

Mit 55 Jahren beendete ich meine berufliche Laufbahn und begann, Schülern von meinen Erlebnissen zu erzählen, die ich hatte, als ich so alt war, wie sie heute sind.

Nahezu 60 Jahre, nachdem das Naziregime zerbrochen ist, fand am 4. März 2004 auf dem Bahnhofsvorplatz in Luckenwalde die feierliche Einweihung einer Gedenktafel für die „Gemeinschaft für Frieden und Aufbau" statt. Auf dieser Metalltafel, die in den Boden eingelassen wurde, steht folgender Text:

IN MEMORIAM

1943 UND 1944 KREUZTEN SICH AM LUCKENWALDER BAHNHOF
DIE WEGE VIELER BETEILIGTER DER WIDERSTANDSGRUPPE
«GEMEINSCHAFT FÜR FRIEDEN UND AUFBAU»
UNTERGETAUCHTE JUDEN KAMEN HIER AN
TAUSENDE FLUGBLÄTTER WURDEN VON HIER AUS
IN ANDERE STÄDTE GEBRACHT

HANS UND FRIDA WINKLER · WERNER SCHARFF · FANCIA GRÜN
FRITZ ARNDT · GEORG BRACHMÜLLER · HILDE BROMBERG
ANJA, JULIUS UND EUGEN FRIEDE · ILSE UND GERHARD GRÜN
LUCIE UND PAUL HITZE · GERTRUD UND ARTHUR JOACHIM
PAUL KRÄGE · HENRY LANDES · GÜNTER NAUMANN
PAUL RISSMANN · PAUL UND IDA ROSIN · MICHAEL SCHEPPAUER
ALFRED STEIN · PAUL THIELE

Anhang

Anhang

Zeitdokumente

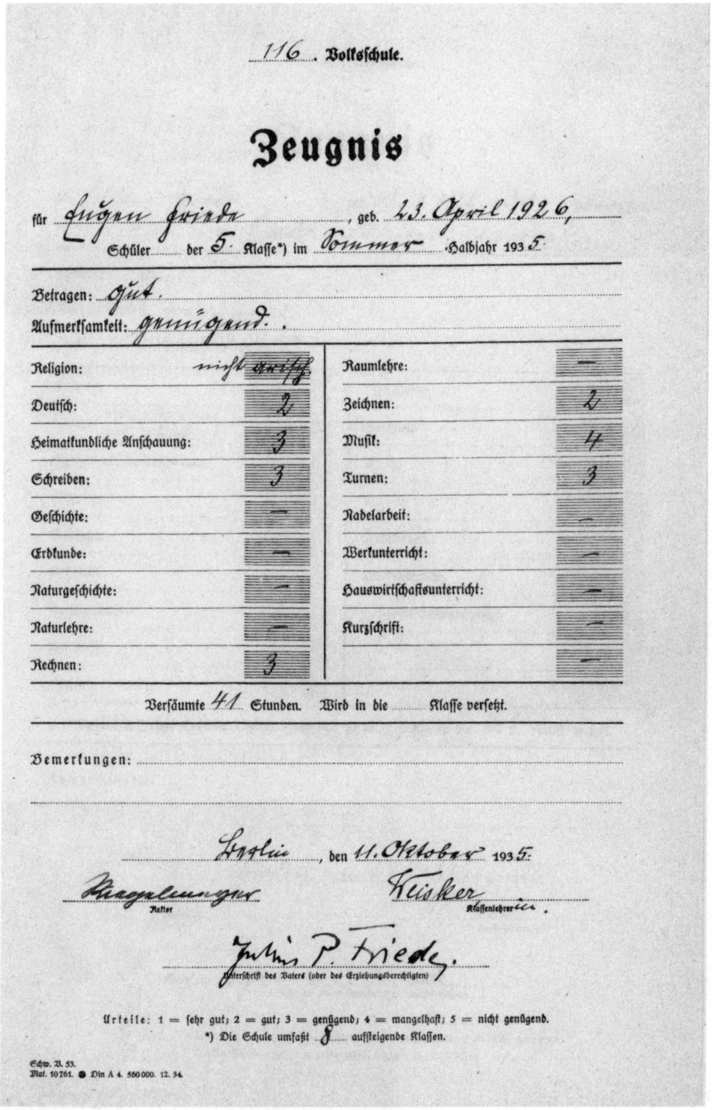

116. Volksschule.

Zeugnis

für Eugen Friede, geb. 23. April 1926,

Schüler der 5. Klasse*) im Sommer-Halbjahr 1935.

Betragen: gut.

Aufmerksamkeit: genügend.

Religion:	nicht arisch	Raumlehre:	—
Deutsch:	2	Zeichnen:	2
Heimatkundliche Anschauung:	3	Musik:	4
Schreiben:	3	Turnen:	3
Geschichte:	—	Nadelarbeit:	—
Erdkunde:	—	Werkunterricht:	—
Naturgeschichte:	—	Hauswirtschaftsunterricht:	—
Naturlehre:	—	Kurzschrift:	—
Rechnen:	3		—

Versäumte 41 Stunden. Wird in die ...... Klasse versetzt.

Bemerkungen:

Berlin, den 11. Oktober 1935.

[illegible] Rektor | Weisker Klassenlehrerin.

Julius P. Friede
Unterschrift des Vaters (oder des Erziehungsberechtigten)

Urteile: 1 = sehr gut; 2 = gut; 3 = genügend; 4 = mangelhaft; 5 = nicht genügend.

*) Die Schule umfaßt 8 aufsteigende Klassen.

Schw. B. 53.
Mat. 10761. ● Din A 4. 560000. 12. 34.

Zeugnis „nicht arisch“, 1935

Eugen, um 1936

Blick von der Wohnung auf die Belle-Alliance-Straße (heute Mehringdamm), 1940

Helga mit Eugens Eltern Julius und Anja, 1941

Eugens Mutter und Helga, 1941

Eugen mit seinem Fahrrad vor Helgas Haustür, Frühjahr 1940

Eugens Mutter auf dem Sofa von Salomons, 1942

Eugen und sein Vater, 1942

Helga, 1941

Onkel Willi und Tante Grete, Schöneberg, Weihnachten 1942/43

Eugen, Helga, Lanze und Klassenkameraden im Hof der jüdischen Mittelschule in der Lindenstraße, Frühsommer 1942

Eugen und sein bester Freund Günther Landsberg auf dem Schulhof, Frühsommer 1942

Eugen und Helga auf dem Schulhof, Frühsommer 1942

Eugen und Mitschüler auf dem Friedhof Weißensee, Juli 1942

Das zweite Versteck in Blankenburg bei Familie Horn, 1943

Ruth Horn, Frühjahr 1943

Eugen mit Gertrud und Ewald Horn im Garten, Frühjahr 1943

Eugens 17. Geburtstag. Im Garten der Familie Horn, mit den Eltern, der kommunistischen Reichstagsabgeordneten, Ehepaar Horn, Onkel Willi und Tante Grete, April 1943

Eugen und Ursel, die Nichte der Horns, stoßen auf seinen Geburtstag an, April 1943

Eugen im 3. Versteck
in Luckenwalde,
bei Winklers auf dem
Sofa, 1943

Eugen in HJ-Uniform, 1943

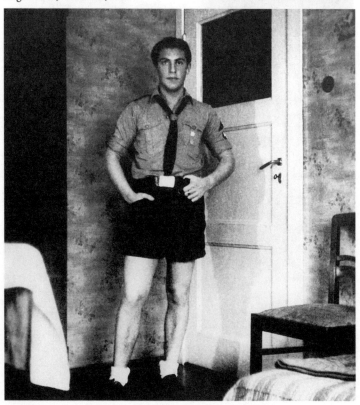

Hans Winkler, 1943

Ruth Winkler, 1943

Frida Winkler, 1943

Werner Scharff, Foto aus seiner Kennkarte von 1939

Im Garten der Familie Landes: ein Geselle mit Mutter Landes und Vater Landes, Henry Landes, Gerd Rosin, Hans Winkler, 1943

Eugen auf dem Dach des Gasthauses Leonhard, Luckenwalde, Sommer 1944

Gemeinschaft für Frieden und Aufbau
Reichsführung München

April 1944

Generalmobilmachung

Die Gemeinschaft für Frieden und Aufbau, geboren aus der Not des Volkes, marschiert. Mutige Männer und Frauen Deutschlands haben sich zusammengeschlossen, um Lüge und Mord der Nazis ein Ende zu bereiten.

Wir wollen nicht mehr mitansehen, wie unsere Soldaten sich an der Front verbluten. Wir dulden nicht mehr, dass Tag und Nacht unsere Heimat von Bombern zertrümmert wird. Wir wollen nicht zusehen, wie unsere Arbeiter in 72 Wochenstunden bis aufs Letzte ausgebeutet werden. Wir wollen ein gesundes Volk bleiben und nicht Nervenbündel sein. Unsere Lage ist aussichtslos. Der Feind steht an den Oelquellen in Rumänien. Die Invasionsheere stehen zum Einfall bereit. Die feindliche Luftwaffe übt immer stärkere Tag- und Nachtangriffe aus. Die Verluste, die wir ihnen zufügen, sind bedeutungslos. Wir haben keine Vergeltungswaffen, denn aus zerstörten Fabriken können wir keine Wunder erwarten. Wir kämpfen für den sofortigen Frieden. Wenn unser Volk erst zu Bettlern geworden ist, war alles umsonst.

Wir rufen zum passiven Widerstand auf !!

Wir verlangen von Dir nichts anderes, als dass Du denken sollst. Rede nicht sinnlos nach, was Dir von der Regierung oder einzelnen Parteigenossen vorerzählt wird. Du verlängerst damit den Krieg und trägst somit die Schuld am Elend unseres Volkes. Wir klären Dich auf. Versuche unsere Aufklärungsschriften zu bekommen.

Folge unseren Anweisungen.

Hilf uns und Du hilfst Dir.

Du hast vorstehendes 10 mal abzuschreiben und an 10 verschiedene Leute zu versenden. Wir werden Dich nach diesen Namen fragen. Wenn Du unserer Aufforderung nicht nachgekommen bist, wirst Du aus der Gemeinschaft ausgeschlossen.

Behalte dieses Schreiben für Dich als Ausweis.

— — — — — — — — — — —

Flugblatt der Gemeinschaft für Frieden und Aufbau, April 1944

Eugen Friede vor dem Mahnmal in der
Großen Hamburger Straße, Berlin 2000

Zeittafel

1933

30. Januar
Machtergreifung – Ernennung Adolf Hitlers zum Reichskanzler durch Reichspräsident Hindenburg.
27. Februar
Reichtagsbrand. Erste große Verhaftungswelle politischer Gegner. Die in Folge erlassene „Reichtagsbrandverordnung" vom 28.2. des Reichspräsidenten Hindenburg zum „Schutz von Volk und Staat" setzt wesentliche Grundrechte außer Kraft und schafft die Voraussetzung zur Errichtung der ersten Konzentrationslager für politische Gegner.
24. März
Ermächtigungsgesetz („Gesetz zur Behebung der Not von Volk und Reich") – der Rechts- und Verfassungsstaat ist damit außer Kraft gesetzt.
1. April
Boykott aller jüdischen Geschäfte durch die SA.
7. April
Gesetz zur Wiederherstellung des Berufsbeamtentums. Alle Juden werden aus dem Staatsdienst entlassen – einzige Ausnahme: Frontkämpfer des 1. Weltkriegs.

10. Mai
Bücherverbrennungen: Bücher, deren Inhalt von den Nazis für undeutsch erklärt worden ist, gehen in Flammen auf.
22. August
An zahlreichen Orten Badeverbote für Juden.
13. September
Vererbungslehre und „Rassenkunde" werden pflichtmäßiges Prüfungsfach für alle Schüler im damaligen Preußen.

1935

11. April
Parteimitgliedern wird in einem parteiinternen Erlass der persönliche Umgang mit Juden verboten.
10. September
Ankündigung der reichsweiten Rassentrennung in den Volksschulen ab 1936.
15. September
„Nürnberger Gesetze" – das „Reichsbürgergesetz" und das „Gesetz zum Schutz des deutschen Blutes und der Ehre" – treten in Kraft.
Reichsbürgergesetz: § 2 (1) „Reichsbürger ist nur der Staatsangehörige deutschen oder artverwandten Blutes, der durch sein Verhalten beweist, dass er gewillt und geeignet ist, in Treue dem deutschen Volk zu dienen."
Gesetz zum Schutz des deutschen Blutes und der Ehre: § 1 (1) „Eheschließungen zwischen Juden und Staatsangehörigen deutschen oder artverwandten Blutes sind verboten."

§ 2 „Außerehelicher Verkehr zwischen Juden und Staatsangehörigen deutschen oder artverwandten Blutes ist verboten." Strafbestimmungen: § 5 (1) „Wer dem Verbot des § 1 zuwiderhandelt, wird mit Zuchthaus bestraft." (2) „Der Mann, der dem Verbot des § 2 zuwiderhandelt, wird mit Gefängnis oder Zuchthaus bestraft."

14. November

1. Verordnung zum Reichsbürgergesetz: § 4 (1) „Ein Jude kann nicht Reichsbürger sein." Juden wird damit das Wahlrecht und die Fähigkeit zur Bekleidung öffentlicher Ämter aberkannt.

1938

26. April

Verordnung über die Anmeldung jüdischen Vermögens über 5000 Reichsmark. Die Anmeldepflicht trifft auch den nichtjüdischen Ehegatten. Das Vermögen kann „im Interesse der deutschen Wirtschaft" eingesetzt werden.

23. Juli

Kennkartenzwang für Juden ab dem 1. Januar 1939:
„Juden, die deutsche Staatsangehörige sind, haben unter Hinweis auf ihre Eigenschaft als Jude bis zum 31.12.1938 die Ausstellung einer Kennkarte zu beantragen."

17. August

Ab dem 1. Januar 1939 müssen Juden ihrem Vornamen den Zwangsnamen „Sara" bzw. „Israel" hinzufügen.

5. Oktober

Einziehung der Reisepässe von Juden und erschwerte Neuausgabe mit dem Kennzeichen „J".

28. Oktober
"Polenaktion" – Verhaftung und Abschiebung ca. 18 000 in Deutschland lebender Juden mit polnischen Pässen.

7. November
Attentat Herschel Grynszpans, dessen Eltern von der "Polen-Aktion" betroffen sind, auf den deutschen Gesandtschaftsrat Ernst vom Rath in Paris.

9./10. November
"Reichskristallnacht": Von der NSDAP organisiertes Pogrom. Fast alle Synagogen in ganz Deutschland werden verwüstet und niedergebrannt, jüdische Bürger verhaftet und ermordet, jüdische Geschäfte geplündert.

12. November
Juden wird der Besuch von Theatern, Kinos, Kabaretts, öffentlichen Konzerten, Lesehallen, Museen, Vergnügungsstätten, Ausstellungen, Sportplätzen und Badeanstalten verboten. Anordnung zur Schließung aller jüdischen Geschäfte und Handwerksbetriebe zum 1. Januar 1939.

15. November
Jüdischen Kindern ist der Besuch deutscher Schulen nicht mehr gestattet.

3. Dezember
Juden wird das Autofahren verboten – Führerscheine und Zulassungspapiere werden eingezogen.
Verordnung über den Einsatz von jüdischem Vermögen: Zwangsveräußerung jüdischer Gewerbebetriebe, Juden haben binnen einer Woche ihre Aktien und Wertpapiere abzugeben, ebenso ihre Juwelen, Schmuck und Kunstgegenstände.

1939

Januar
Alle jüdischen Organisationen werden aufgelöst.
1. September
Deutscher Angriff auf Polen, Beginn des 2. Weltkrieges.
3. September
Frankreich und Großbritannien erklären dem Deutschen Reich den Krieg.
20. September
Juden wird der Besitz von Rundfunkempfängern verboten.

1940

9. April
Deutscher Überfall auf Dänemark und Norwegen.
30. April
Das erste bewachte und abgeriegelte Ghetto wird im von Deutschland besetzten polnischen Lodz errichtet.
10. Mai
Deutscher Überfall auf Holland, Belgien, Luxemburg und Frankreich.
19. Juli
Ausschluss der Juden vom Fernsprechverkehr.
16. Oktober
Abriegelung des Warschauer Ghettos von der Außenwelt.

1941

22. Juni
Unternehmen „Barbarossa": Angriff auf die Sowjetunion.
Im Gefolge der Wehrmacht organisieren die „Einsatzgruppen" Pogrome und ermorden viele Zehntausende von Juden.

Juli
Die NS-Führung bereitet die „Gesamtlösung der Judenfrage im deutschen Einflussgebiet in Europa" vor.

1. September
Einführung des Judensterns im Reich ab dem 15. 9. 1941 für alle Juden ab dem 6. Lebensjahr.

3. September
Erste „Versuchsvergasungen" in Auschwitz.

18. September
Benutzung der öffentlichen Verkehrsmittel für Juden nur noch mit Einschränkungen möglich.

15. Oktober
Beginn der systematischen Judendeportationen aus dem „Altreich" in osteuropäische Ghettos.

23. Oktober
Emigrationsverbot für Juden für die Dauer des Krieges.

24. Oktober
Deutschblütige Personen, die in der Öffentlichkeit freundschaftliche Beziehungen zu Juden zeigen, sind aus erzieherischen Gründen vorübergehend in Schutzhaft zu nehmen.

31. Oktober
Arbeitsverhältnisse von Juden: Juden haben die ihnen zugewiesene Beschäftigung anzunehmen, auch jüdische Jugendliche können zu allen Tageszeiten beschäftigt werden.

13. November
Juden müssen Schreibmaschinen, Fahrräder, Fotoapparate und Ferngläser abgeben.

7. Dezember
Mit dem Angriff auf den amerikanischen Truppenstützpunkt in Pearl Harbor eröffnet Japan den Krieg gegen die USA. Der am 1. September 1939 begonnene Krieg weitet sich damit zum „Zweiten Weltkrieg" aus.

11. Dezember
Deutschland und Italien erklären den USA den Krieg.

Ende Dezember
Beginn der Massenvernichtung im Vernichtungslager Chelmo.

1942

5. Januar
Juden müssen all ihre Pelz- und Wollsachen abgeben.

20. Januar
„Wannsee-Konferenz" – Konferenz der Staatssekretäre zur Koordinierung der „Endlösung der Judenfrage".

15. Februar
Juden dürfen keine Haustiere mehr halten.

17. Februar
Juden werden vom Zeitungsbezug ausgeschlossen.

Mitte März
Beginn der „Aktion Reinhard" – Auflösung der Ghettos in Polen und Deportation der Juden in die Vernichtungslager.

Ende März
: Erste Transporte von Juden aus Westeuropa und dem Reich nach Auschwitz.

1. Mai
: Verbot der Benutzung öffentlicher Verkehrsmittel durch Juden.

12. Mai
: Beginn der Massenvergasungen in Auschwitz-Birkenau.

2. Juni
: Beginn der Deportationen deutscher Juden nach Theresienstadt.

20. Juni
: Sämtliche jüdische Schulen werden geschlossen.

Anfang November
: Im Reichsgebiet befindliche Konzentrationslager werden „judenfrei" gemacht und die jüdischen Häftlinge nach Auschwitz gebracht.

1943

31. Januar/2. Februar
: Kapitulation der deutschen 6. Armee in Stalingrad; entscheidende Wende im Kriegsgeschehen.

18. Februar
: Goebbels ruft im Berliner Sportpalast zum „totalen Krieg" auf. Zerschlagung der Widerstandsgruppe „Weiße Rose".

27. Februar
: „Fabrik-Aktion" in Berlin und anderen deutschen Großstädten: Deportation der jüdischen Rüstungsarbeiter nach Auschwitz.

19. April
Aufstand im Warschauer Ghetto, am 16. Mai mit der Liquidierung des Ghettos und seiner Bewohner niedergeschlagen.
1. Juli
13. Verordnung zum Reichsbürgergesetz: Juden wird jeder richterliche Schutz entzogen, sie werden unter Polizeirecht gestellt.

1944

April/Juni
Massendeportationen aus Südeuropa nach Auschwitz.
6. Juni
Die alliierte Invasion in der Normandie führt zur Wende an der Westfront.
20. Juli
Mit dem missglückten Attentat Claus Graf Schenk von Stauffenbergs auf Hitler scheitert ein Putschversuch hoher Offiziere und Beamter; die Männer des 20. Juli werden festgenommen, viele von ihnen werden nach Schauprozessen vor dem „Volksgerichtshof" hingerichtet.
24. Juli
Sowjetische Truppen befreien das KZ Majdanek.
23. August
Befreiung von Paris.
6./7. Oktober
Aufstand der Häftlinge des Sonderkommandos in Auschwitz-Birkenau; Zerstörung eines Krematoriums.

Herbst
: Beginn der Rückführung von KZ-Häftlingen vor den heranrückenden alliierten Armeen in das Reich.

Ende Oktober
: Letzte Massentötungen in den Gaskammern von Auschwitz.

26. November
: Himmler befiehlt die Zerstörung der Gaskammern und Krematorien in Auschwitz.

1945

18. Januar
: Beginn der Todesmärsche für ca. 66 000 Häftlinge aus Auschwitz und seinen Nebenlagern.

27. Januar
: Auschwitz wird von sowjetischen Truppen befreit, die 7650 marschunfähige Häftlinge vorfinden.

16. Februar
: Runderlass zur Behandlung von „Entjudungsakten": „Wenn der Abtransport von Akten, deren Gegenstand anti-jüdische Tätigkeiten sind, nicht möglich ist, sind sie zu vernichten, damit sie nicht dem Feind in die Hände fallen."

13./16. April
: Die Rote Armee steht in Wien, Beginn der „Schlacht um Berlin".

25. April
: Begegnung amerikanischer und sowjetischer Truppen an der Elbe bei Torgau; der Belagerungsring um Berlin durch sowjetische Truppen wird geschlossen.

30. April
Sowjetische Truppen hissen die rote Fahne auf dem Reichstag; wenig später: Selbstmord Hitlers.
2. Mai
Kapitulation Berlins.
3. Mai
Vertreter des Internationalen Roten Kreuzes übernehmen Theresienstadt.
7./9. Mai
Bedingungslose Kapitulation der deutschen Wehrmacht in Reims und Berlin. Ende der Naziherrschaft in Deutschland und Österreich.